Scholem Alechem
Humoristische Erzählungen

Scholem Alechem

Die verlorene Schlacht

Humoristische Erzählungen

Aus dem Jiddischen von Mathias Acher

athenäum

CIP-Titelaufnahme der Deutschen Bibliothek

Scholem Alechem: Die verlorene Schlacht:
humoristische Erzählungen / Scholem Alechem. Aus d. Jidd. von
Mathias Acher. – Frankfurt am Main: Athenäum, 1989
(Athenäums Taschenbücher; Bd. 150)
ISBN 3-610-04750-X
NE: GT
Vw: Rabinovič, Šālōm [Wirkl. Name] → Scholem Alechem

athenäums taschenbücher
Band 150
September 1989

Umschlaggestaltung: Karl Gerstner
Umschlagabbildung: Arik Brauer, »Für zwei Suse«
Satzherstellung: Computersatz Bonn GmbH, Bonn
Druck und Bindung: Poeschel & Schulz-Schomburgk, Eschwege
ISBN 3-610-04750-X

Inhalt

Die verlorene Schlacht

Eine Geschichte aus dem Chejder

1

Unser Rebbe, Nissel der Kleine genannt, weil er klein gewachsen war, ließ sich von seinen Behelfern an der Nase herumführen. Sie setzten alles durch, was sie wollten. Kam der eine und sagte, man müsse heute die Kinder früher entlassen, so wurden sie früher entlassen. Kam der andere und sagte, die Kinder würden die Welt von oberst zu unterst kehren, man müsse sie daher im Chejder zurückbehalten – so wurden sie zurückbehalten. Selber über etwas nachdenken – das tat der Rebbe niemals, und darum herrschte nicht er, sondern die Behelfer herrschten über uns. In anderen Chadorim wußten die Behelfer, daß sie die Kinder zu waschen, mit ihnen zu beten, sie auf den Schultern über den Straßenmorast zu tragen und ihnen ihr Frühstückstöpfchen in den Chejder zu bringen hatten. Unsere aber waren zu alledem zu faul. Bloß das Frühstück brachten sie uns – freilich nur, um es selbst aufzuessen. Dabei durften wir nicht daran denken, Klage zu führen. Denn wer es wagen würde, so drohten sie, dem Rebben auch nur ein Wörtlein zu erzählen, den würden sie quälen und zuschanden prügeln. Und wirklich, als es einmal einer, ein kecker Junge, versuchte und mit einem Worte herausplatzte, bearbeiteten sie ihn derart, daß er ein ganzes halbes Jahr krank war und dann jeden warnte, nur ja nicht einen Behelfer beim Rebben anzuzeigen.

Kurz, es war eine böse Zeit, die man am besten als den „Behelfer-Goless“ bezeichnen kann.

2

Und es war in der Zeit des „Behelfer-Goless“, da kehrte einmal bei uns in Masepowke ein nasser, kalter Lag-bojmer ein, wie es sich ja manchmal trifft, daß der Mai nasse, kalte Tage bringt. Die Sonne zeigte sich zwar, gab auch Licht und Wärme. Aber zwischendurch blies von irgendwoher, aus weiter Ferne ein scharfer Wind, trieb Wolken herbei, zerrte an den Rockschößen, kollerte vor den Füßen ... ganz und gar nicht wie im Frühling.

Gerade an diesem Lag-bojmer aber gefiel es unsern Behelfern, daß wir einen Spaziergang vor die Stadt machen und in den Krieg ziehen sollten, wie es bei jüdischen Kindern Brauch ist – mit Schwertern und mit Bögen und allerlei guten Sachen als Wegzehrung.

Es ist eine uralte Sitte bei jüdischen Kindern: am Lag-bojmer wird man kriegerisch. Man bewaffnet sich von Kopf bis Fuß mit hölzernen Schwertern, Büchsen und Bogen. Auch Eßsachen nimmt man mit, und so zieht man ins freie Feld hinaus, gleichsam in den Krieg. Die jüdischen Kinder, die das ganze Jahr über im engen, finstern Chejder sitzen, unter dem Joche der Thora, in der Furcht des Rebben und unter der Knute der Behelfer, fühlen sich am Lag-bojmer,wenn sie bewaffnet hinaus aufs

Feld ziehen, wie Helden, die sich vermessen, den stärksten Feind zu besiegen, die ganze Welt zu zerstören. Sie haben plötzlich Mut bekommen, marschieren mit großen Schritten und singen Lieder, sonderbare Lieder, halb jiddisch, halb russisch:

Raz, dwa, tri, tschetyre,
Jiddische kinder lernen tojre,
Glojben in Wunder, hoben nischt – mojre
Schma Jisroel! Nitschawo,
Nje boimssja nikawo,
Kromje Boga odnawo ...

Auch wir taten nach der alten Sitte. Wir holten unsere vorjährigen hölzernen Schwerter vom Boden herunter, die Bögen machten wir uns aus den Reifen der Pejssachwein-Fäßchen, Büchsen lieferten uns die Behelfer – selbstverständlich gegen Bezahlung –, und zwar so ausgezeichnete, daß man eine Fliege mit ihnen erschießen konnte. Wenn sie so gütig war, stehen zu bleiben und zu warten, bis man sie traf ... Und noch andere Waffen von dieser Art verschafften wir uns – lauter jüdische Waffen, gut genug, um Säuglinge zu schrecken. Mit Proviant versorgten wir uns reichlich, jeder so viel, wie Gottes Segen ihm beschert und der Mutter liebende Hand ihm zugeteilt hatte. Als wir des Morgens in den Chejder kamen, waren wir also bis auf die Zähne bewaffnet und hatten die Taschen von allem Guten voll, das sich nur denken läßt. Da gab es Semmeln und Kuchen und Eier und Schmalz und Branntwein und Wischnik und Hühnerviertel und

Entenstücke und Gänsemagen und Gänseleberchen und Tee mit Zucker, Nüsse, Apfelsinen und Eingemachtes, auch Geld, einige Groschen. Jeder wollte sich hervortun, möglichst viel bringen, die Behelfer zufriedenstellen ... Dafür lobten sie uns auch, sagten, daß wir artige und treffliche Knaben wären, nahmen unsere guten Bissen und legten sie in ihre Säcke. Dann stellten sie uns in Reihen auf, so wie man Soldaten aufstellt, und kommandierten:

„Faßt euch an den Händen, Kinder, und marsch über die Brücke, geradeaus auf die Meseritscher Haide! Dort werdet ihr die Meerschweinchen treffen und euch mit ihnen schlagen!"

„Hurra, auf zu den Meerschweinchen!" schrien wir alle wie ein Mann, faßten uns an den Händen und stürmten davon, stolz und sicher wie richtige Helden.

3

Meerschweinchen nannten wir die ABC-Schützen wegen ihrer Kleinheit. Gegenüber uns, den Chumeschjungen, sahen sie wie Fliegen aus, wie Ameisen. Es schien uns, daß es genügte, sie nur einmal anzublasen – fu! –, um sie zu vernichten. Wir waren sicher, daß sie uns nur zu erblicken brauchten in unserer Ausrüstung, mit unseren Schwertern, Bögen und Büchsen, um sofort die Füße in die Hände und Reißaus zu nehmen. Wie konnte es anders sein – solchen Helden gegenüber, wie wir Chumeschjungen waren? Sie zitterten doch vor uns, hatten

Angst, uns nahezukommen, uns, den Bibelschülern, den Riesen mit den langen Beinen!

Eigentlich hatten wir uns niemals mit den Meerschweinchen geschlagen; doch zweifelten wir keinen Augenblick daran, daß wir sie mit einem Blick zerschmettern würden. Sie sollten ordentliche Prügel kriegen, aber auch Beute wollten wir machen: ihnen ihr Frühstück wegnehmen und unter uns verteilen. Was konnten sie uns dann anhaben?

Vor lauter Kriegsmut und Begeisterung für uns und für unsere Kraft stießen wir einer den andern, bald in den Rücken, bald weiter unten. Zudem trieben uns auch die Behelfer an. Sie wollten, daß wir schneller gehen.

„Warum kriecht ihr so wie die Wanzen?" riefen sie uns zu. Selber aber blieben sie jeden Augenblick stehen, um die Säcke zu öffnen und von dem Inhalt zu kosten.

„Ein ausgezeichneter Wischnik!" sagten sie, reichten ihn einer dem andern und tranken gleich aus der Flasche. „Gluck, gluck, gluck", gluckste es aus dem Flaschenhals in ihren Mund hinein.

„Ein seltener Wischnik! Nicht wahr? Maßlos gut –"

Während sie so sprachen und schmatzten, blieben sie in großem Abstand hinter uns zurück und machten uns von der Ferne Zeichen, daß wir weitergehen sollten: weiter! ...

Und wir gingen weiter und weiter über die große Meseritscher Haide, wiewohl der Wind immer schärfer und schärfer blies. Der Himmel hatte sich ganz mit Wolken überzogen, und ein dichter, kalter

Regen schlug uns gerade ins Gesicht. Die Hände schwollen uns von der Kälte an und wurden rot und blau. Die Schuhe wurden durchgeweicht und patschten im Morast. Wir sangen schon lange keine Lieder mehr und waren recht müde und hungrig geworden. Endlich beschlossen wir, uns zu setzen, um eine Weile auszuruhen und etwas zu uns zu nehmen.

„Wo sind denn eigentlich unsere Behelfer?“ rief einer von uns.

„Hol der Teufel die Behelfer! Aber wo sind unsere Frühstücke?“

Wir begannen gegen die Behelfer zu murren:

„So was! Nehmen alle unsere Gänsemägen samt unsern Gänseleberchen und die Kuchen, und die Eier und den Wischnik und sogar die paar Groschen und lassen uns da allein auf der öden Haide frieren und hungern! Der Teufel soll sie holen!“

„Nieder mit unsern Behelfern!“

„Die Pest ihnen an den Hals, ihnen und allen Behelfern der Welt!“

„Pst! Still! Der Feind! Der Feind!“

„Die kleinen Meerschweinchen mit den großen Stöcken!“

„Die Meerschweinchen! Die Meerschweinchen!“

„Hurra! Auf, gegen die Meerschweinchen!“

Und wie die hungrigen Wölfe stürzten wir auf sie los, bereit, sie niederzuwerfen und in Stücke zu reißen.

Leider aber passierte uns ein Unglück, ein großes Unglück, das keiner von uns hatte voraussehen können –

Ja, ja, wenn einem was beschieden ist, da hilft weder Weisheit, noch Stärke, noch Tüchtigkeit. Hört, was alles vorkommen kann!

4

Die Meerschweinchen waren zwar kleine Kerlchen, ABC-Schützen, aber offenbar gar nicht dumm. Ehe sie gegen uns ins Feld, auf die große Meseritscher Haide gezogen waren, hatten sie sich eingeübt. Auch hatten sie gut gefrühstückt, sich warm angezogen, die Gummischuhe nicht vergessen, und sich ebenso wie wir, vielleicht noch besser, von Kopf bis Fuß mit Schwertern, Bögen und Büchsen bewaffnet. Und als sie nun draußen waren, hatten sie ganz und gar keine Lust zu warten, bis wir sie angriffen, sondern griffen lieber uns an – und zwar von allen Seiten gleichzeitig und so flink, daß wir gar keine Zeit hatten, uns zu besinnen. Ehe wir uns versahen, waren sie schon über uns und hieben auf uns ein, was sie nur konnten. Wir hatten anfangs gar nicht bemerkt, daß sie nicht allein, sondern mit ihren Behelfern gegen uns losgingen. Die feuerten sie an:

„Haut sie, die Chumeschjungen! Klopft sie, die Riesen mit den langen Beinen!"

Natürlich blieben wir ihnen nichts schuldig. Wie Helden stellten wir uns gegen die kleinen Kerle, schlugen mit unsern Schwertern nach ihnen, spannten die Bogensehnen, legten die Büchsen an. Aber ach! Unsere Schwerter waren morsch und brachen. Und ehe wir noch etwas mit den Bögen ausrichten konnten, hatten wir schon unsere Prügel sitzen...

Von den Büchsen ganz zu schweigen: denn was kann man mit einer Büchse anfangen, wenn der Feind nicht warten will, bis ihr ihn trefft, sondern früher auf euch losspringt und sie euch aus der Hand schlägt? Kann man's ihm verbieten?

Kurz, es ging schlecht. Schließlich mußten wir alle Waffen wegwerfen, die Schwerter ebenso wie die Bögen und die Büchsen, und so tun, wie alle guten Menschen tun: das heißt, wir mußten einfach mit den Händen, mit den Fäusten zu arbeiten anfangen. Leider waren wir da aber im Nachteil. Denn wir waren müde, ausgehungert und verfroren und schlugen uns ohne Plan und Führung. Unsere Behelfer waren ja zurückgeblieben, hatten sich mit unserm Wischnik angetrunken, hol sie der Teufel! Die anderen aber, die kleinen Kerle, waren warm gekleidet und satt, und ihre Behelfer führten sie und feuerten sie an.

„Haut die Chumeschjungen! Klopft sie, klopft sie, die Riesen mit den langen Beinen!"

Und da sie obendrein von drei Seiten zugleich auf uns eindrangen, und immer mehr und mehr, was Wunder, daß sie uns mit Püffen überschütteten, mit den selben Rippenstößen, die wir ihnen zugedacht hatten?

Wer der erste war, der dem Feinde den Rücken kehrte, das wird man wohl niemals mehr feststellen können. Aber das weiß ich, daß wir liefen, Hals über Kopf liefen, nach Hause zurück, nach Masepowke, und daß sie, die verdammten kleinen Kerle, uns wie rasend nachjagten und nicht müde wurden, hinter uns her zu lachen und zu schreien:

„Hurra! Haut die Chumeschjungen! Hurra, haut die Riesen! Hurra! Hurra!"

5

Müde, hungrig, schläfrig, mit zerfetzten Kleidern, verprügelt, verbeult kamen wir Helden nach Hause und hofften wenigstens, daß unsere Eltern mit uns Mitleid haben und uns für die erhaltenen Prügel mit Kuchen entschädigen würden. Aber leider sahen wir uns in unsern Hoffnungen bald getäuscht. Kein Mensch dachte an uns, kümmerte sich um uns. Wir mußten noch froh sein, daß es ohne Ohrfeigen – für die zerrissenen Röcke und die krummgetretenen Schuhe – abging; wir hätten sie ja so leicht extra vom Vater und extra von der Mutter kriegen können. Freilich, am andern Morgen, als Nissel der Kleine, unser Rebbe, die Beulen auf unseren Stirnen und die „blauen Laternen" unter unsern Augen sah, kamen wir nicht mehr so glimpflich davon. Fast schäme ich mich's zu erzählen: einer nach dem andern mußten wir uns hinlegen, just mit dem Gesicht zur Erde, und jeder bekam seine Portion, mit Respekt zu melden, dahin, wo sich's gebührt! Wohl als Draufgabe, weil's sonst offenbar zu wenig gewesen wäre ...

Wir trugen es aber niemandem so nach wie den verdammten Behelfern! Wenn die Eltern ein Kind strafen, tun sie's vielleicht aus Liebe. Wenn der Rebbe ein Kind hinlegt und ihm die Knute gibt, so ist er eben doch der Rebbe, und die Knute ist eben eine Knute. Aber die Behelfer, diese Elenden!

Nicht genug, daß sie uns das Frühstück weggegessen hatten – Herrgott, wenn sie nur krank davon würden! –, nicht genug, daß sie uns auf freiem Felde im Stich gelassen hatten, sie hielten uns jetzt noch die Beine fest, während wir gehauen wurden, damit wir nicht strampelten ...

So endete jener traurige Lag-bojmer, an dem wir die Schlacht verloren!

Eine Wette

Ihr spracht gerade von den heurigen Bränden. Da kann ich Euch, wenn ihr hören wollt, eine schöne Geschichte erzählen: von einem reichen Geizhals, der sonst keinen Heller hergibt, – er läßt sich lieber umbringen – und doch einmal einen Hunderter für Abgebrannte gab. Wie man den von ihm herauskriegte, eben das will ich Euch erzählen ...

Mit diesen Worten redete mich der Mann mir gegenüber im Eisenbahncoupé an, nachdem er sein Frühstück gegessen hatte. Und offenbar machte seine Geschichte ihm selber Spaß. Denn er lachte im voraus, lachte wie ein Mensch, der sich an irgend etwas sehr Drolliges erinnert, lachte, daß ihm schier der Atem ausging. Ich aber ließ ihn ruhig zu Ende lachen. Ich glaube nämlich, daß dies das beste gegenüber solchen Leuten ist: Wenn man nicht will, daß die Geschichte ein dummes Gesicht kriegt.

Endlich und nach einigem Husten begann er folgendermaßen:

Ich habe Euch schon mit einer ganzen Reihe von Typen in unserem Städtchen bekannt gemacht. Nun will ich Euch noch einen vorführen: Jojel Taschker. Wenn Ihr Euch Jojel Taschker anseht, gebt Ihr nicht drei zerbrochene Groschen für ihn: ein kleines dürres, trockenes Männlein mit einem schüttern Bärtchen, geht nicht, sondern läuft ... und trägt sich ... habt Ihr wo einen Feind, dem könnt Ihr's wünschen ... wie der Ärmste! Wiewohl er reich ist. Was sage ich, reich? Sehr reich, schwer reich, ein Millionär! Das heißt, gezählt hab' ich sie natürlich nicht, seine Millionen. Es kann eine Million sein, und vielleicht fehlt auch viel zu einer halben. Jedenfalls ist er das nicht wert, was er hat. Das könnt Ihr mir glauben. Der Filz! Das Rote Meer spalten war nicht schwerer, als von ihm eine milde Gabe herauszubekommen. Der Bettler existiert nicht, der sich erinnern sollte, von Jojel Taschker auch nur ein Stück Brot gekriegt zu haben. In der Stadt kennt man ihn schon, den Patron. Trifft sich's, daß ein Armer nicht mit dem zufrieden ist, was man ihm gibt, dann heißt es gleich: „Bemüht Euch zu Jojel Taschker, der wird Euch mehr geben." Und dabei dürft Ihr nicht etwa glauben, daß er brutal oder unwissend oder einfach ein ordinärer Kerl ist. Ganz im Gegenteil: der Mann kann lernen, ist aus gutem Haus und obendrein ein ganz ehrlicher Mensch. Verlangt von niemandem etwas. Nur soll man auch ihn verschonen. Mein ist mein, und dein ist dein. Ihr versteht mich doch, oder nicht? ... Sein Geschäft? Er ist Geldverleiher, hat Häuser und arbeitet mit Gutsbesitzern. Hat Tag und Nacht keine Zeit: fährt herum, läuft herum, ißt nicht, schläft nicht, und da er sich keinen Angestellten gönnt, überall allein! Hat nicht Rind, nicht Kind! Das heißt, Kinder hatte er einmal, aber er hat sie fortgejagt, als ihm die Frau starb. Man sagt, daß sie in Amerika sind. Die Frau soll übrigens Hungers gestorben sein. Das ist wohl nicht wahr, oder am Ende doch. Denn ratet, weshalb er der zweiten Frau schon in der zweiten Woche den Scheidebrief gab? Wegen eines Glases Milch! Ha, ha, ha! Bei meinem Leben, wegen eines Glases Milch, bei dem er sie erwischte: „Entweder – oder", sagte er da zu ihr, „entweder trinkst du Milch, weil du die Schwindsucht hast – wozu brauche ich dich dann? Oder du trinkst einfach so Milch, weil du Lust hast. Dann bist du doch eine Verschwenderin –!"

Aber eine gute Eigenschaft hat er doch (es gibt keinen Menschen, der bloß Fehler hätte): Er ist fromm, schrecklich fromm! Und warum sollte er es nicht, wenn's ihm Spaß macht? Das Schlimme an der Sache ist nur, daß er auch die ganze Welt fromm haben möchte. Er spielt Gottes Polizei. Leidet's nicht, wenn man den Hut nicht aufhat. Erbost sich über die jungen Frauen, die ihr eigenes Haar tragen. Schlägt sich mit den Eltern herum, die ihre Kinder ins Gymnasium schicken. Und was noch solcher Dinge mehr sind.

Nun muß es aber Gott gerade so fügen, daß im Hause Jojel Taschkers ein Advokat wohnt, so einer von den alten Advokaten, der sich nichts daraus macht, im Hause ohne Hut zu gehen, den Bart zu rasieren und am Sabbath zu rauchen, kurz alles das zu tun, was man nicht tun darf. Er heißt Kompanjewitsch, ist hoch und breit, ein bißchen vorgebeugt, hat eingefallene Wangen und Spitzbubenaugen. Führt, wie es scheint, ein liederliches Leben. Er erhält sich mehr vom Kartenspiel als von der Advokatur und alle lustigen jungen Leute, die für ein Spielchen, einen guten Schinken und ähnliche schöne Sachen Sinn haben, kommen bei ihm zusammen. Kurz, sicherlich kein Heiliger. Doch wieder dieselbe Geschichte! Was kümmert's dich? Ich meine den Jojel Taschker, meine ich. Wirst dich halt nicht mit ihm verschwägern und basta! Aber nein! Er hält's nicht aus. Er kann's nicht ertragen, daß bei Kompanjewitsch am Sabbat der Samowar aufgestellt, am Tischebow Fleisch gekocht, das neue Pessachgeschirr nicht vorschriftsmäßig gewaschen und noch viel anderes nicht gehalten wird – und schimpft, schimpft ganz laut: „Na, was sagt ihr zu der Frechheit dieses Abtrünnigen? In meinem Hause zu wohnen und am Sabbath den Samowar aufzustellen!" Das hört der Kompanjewitsch und gibt's ihm ordentlich. Am nächsten Sabbath stehen schon zwei Samoware da. Und der Jojel ärgert sich gelb darüber. Fast rührt ihn der Schlag. Aber Mensch! So kündige ihm doch die Wohnung, und du bist den Verdruß los. Nein, das denn doch nicht, es tut ihm um den Mieter leid. „Er zahlt mehr Miete als alle anderen", sagt er und lacht dazu: „he, he, he!"

So, da habt Ihr schon zwei Typen kennengelernt. Nun will ich Euch noch einen dritten vorstellen, einen jungen Mann, der in dieser Geschichte auch eine Rolle spielt. Was sag' ich: Rolle spielt? Von ihm kommt ja die ganze Geschichte her. Frojke Schejgez – so nennt man ihn – ist ein Mann, der mit der ganzen Welt auf gutem Fuße lebt. Natürlich halb Chassid, halb Franzos, trägt er einen langen Kaftan, aber gleichzeitig einen Hut, eine weiße Hemdbrust und einen roten Schlips, aber auch einen Talles-koten, von dem eine Zizze heraushängt. Im Städtchen erzählt man etwas von einer verheirateten Frau. Ins Bethaus jedoch rennt er wie besessen. Womit er sich beschäftigt? Er ist ein Makler, vermittelt Darlehen, bringt Wechsel an. Durch seine Hände geht viel Geld, Tausende und Tausende. So war er z. B. auch Jojel Taschkers Vertrauensmann. Der hat doch sonst Angst, einen Hunderter aus der Hand zu geben. Ein Wort aber von Frojke – und das Geschäft war gemacht. Und glaubt Ihr vielleicht, weil Frojke in Geldsachen wirklich so ein Heiliger ist? Ich möchte nicht für ihn einstehen. Nein, bloß weil er ein durchtriebener, geriebener Junge ist und ein freches Maul hat. In das hineinzugeraten – besser in die Hölle. Ihr könnt's ja daran sehen: heißt eigentlich Efroim Katz. Und niemand nennt ihn anders als Frojke Schejgez. Ha, ha, ha!

Nun habt Ihr aber alle drei Typen beisammen. Jetzt müßt Ihr nur noch wissen, daß der Sommer begonnen hat, und mit ihm die vielen Brände. Auch Draschne brennt ab, und es regnet Jammerbriefe und Depeschen: man solle so schnell und soviel wie möglich schicken. Die ganze Stadt kampiere im Freien und sterbe Hungers. Natürlich gerät unser Städtchen in Aufregung. Vorwürfe, Mahnungen: warum rührt man sich nicht? Warum tut man nichts? Schließlich stellt man ein Komitee zusammen, das sammeln gehen soll. Und wer ist im Komitee? Natürlich ich, noch zwei, drei angesehene Bürger, von den besten, und selbstverständlich auch Frojke Schejgez. Denn zu so was hat man ja einen Frechling nötig. Wohin geht man zuerst? Selbstredend zu den reichen Leuten. Also auch zu Jojel Taschker.

„Guten Morgen, Reb Jojel!"

„Guten Morgen, ein gutes Jahr! Was gibt es?"

Er ist sehr liebenswürdig. Liebenswürdiger kann man schon nicht sein. Denn so im allgemeinen, müßt Ihr wissen, ist Taschker ein ganz gastfreundlicher Mensch. Kommt Ihr zu ihm hinein, so nimmt er Euch gut auf, läßt Euch einen Stuhl geben, bittet Euch Platz zu nehmen und unterhält sich recht schön und fein. Aber nur solange Ihr nicht von Geld redet. Doch kaum kommt Ihr darauf, kriegt er gleich ein anderes Gesicht. Eines seiner Augen schließt sich von selbst und die linke Wange zuckt wie bei einem Menschen, den der Schlag gerührt hat. Es ist zum Erbarmen, sag' ich Euch, wie er in solchen Augenblicken aussieht. So ein Mensch ist das.

Ja, wo halten wir denn eigentlich? Richtig, wie wir zu Taschker kamen. Das Komitee nämlich.

„Guten Morgen, Reb Jojel!"

„Guten Morgen, ein gutes Jahr! Nehmt Platz. Was gibt's?"

„Wir kommen wegen einer Spende zu Euch."

Das Auge schloß sich und die Wange zuckte:

„Eine Spende? So plötzlich, ganz unerwartet, eine Spende?"

„Ja, eine dringende", antwortete Frojke, der Frechling, „eine sehr dringende, Reb Jojel. Ihr habt ja wahrscheinlich schon gehört. Eine ganze Stadt abgebrannt. Draschne ..."

„Was sagt ihr? Draschne abgebrannt? Weh mir! Ich habe so viel Geld dort stecken! Ich bin ruiniert, zugrunde gerichtet ..."

Frojke will ihn beruhigen. Seine Kommittenten hätten durch das Feuer nicht gelitten. Nur arme

Leute seien geschädigt worden. Aber vergeblich! Der Mann will nicht hören, sondern rennt wie wahnsinnig im Zimmer auf und ab, ringt die Hände und schreit:

„So ein Unglück! Ich bin ruiniert! Redet jetzt nicht mit mir! Ihr habt mich um den Verstand gebracht! Wie soll ich das aushalten? ..."

Wir sitzen noch eine kurze Weile. Dann stehen wir auf, sagen „Guten Tag, Reb Jojel", küssen die Mesuse und machen uns auf die Beine. Draußen aber sagt Frojke:

„Hört, ich soll nicht Efroim Katz heißen, wenn ich von dem Hundekerl nicht doch noch einen Hunderter für die Draschner Abgebrannten herauskriege!"

„Schwatz nicht, bist wohl verrückt?"

„Gar nicht! Ihr werdet ja sehen! Ich sag's, ich, Efroim Katz!"

Und wirklich behielt er recht, wie ihr gleich hören werdet.

Einige Tage später fährt nämlich unser Jojel Taschker auf den Markt nach Toltschin. Kompanjewitsch ist im selben Coupé, ebenso viele andere Leute. Man spricht, man schwatzt, alles durcheinander, wie's schon so ist. Nur Jojel Taschker und Kompanjewitsch sind still. Taschker sitzt wie versteckt in einem Winkel und blickt mit einem Auge in ein frommes Buch. Was hat er mit allen den Leuten zu tun? Und gar mit Kompanjewitsch! Es ärgert ihn nur, daß dieser Mensch, dessen rasiertes Gesicht er nicht ausstehen kann, sich gerade ihm gegenüber hingesetzt hat. Herr Gott, denkt er, wie wird man ihn los, den Schweinefresser? In die zweite Klasse hinübergehen? Schade ums Geld. Dableiben? Sind ihm die rasierte Fratze und die Spitzbubenaugen zuwider! Während er so nachdenkt, tut Gott ein Wunder und läßt ihm auf der nächsten Station einen Bekannten zusteigen. Wen, denkt Ihr? Natürlich keinen andern als Frojke Schejgez. Unser Taschker ist ganz glücklich: er wird mit jemandem zu sprechen haben.

„Wohin gahrt Ihr?"

„Und Ihr?"

Das Gespräch ist im Gang. Worüber? Über dies und jenes, alles und nichts, dummes Zeug. Bis man auf einen Gegenstand kommt, der nach Jojel Taschkers Geschmack ist: „Jugend von heute, alberne Burschen, ausgelassene Töchter, eine zuchtlose Welt!" Frojke Schejgez wärmt eine alte Geschichte auf: von der Schwiegertochter des Umaner Rebben, die mit einem Offizier davonlief. Dann noch eine Geschichte von einem jungen Mann, der in zwei Städten verheiratet war. Und schließlich noch eine dritte Geschichte, von einem Bürschlein, das nicht Tefillin legen wollte, und als ihn der Vater dafür schlug, den Hieb zurückgab.

„Was, den Vater geschlagen? Den eigenen Vater geschlagen?" schrie es von allen Seiten.

Das ganze Coupé ist in Aufregung – und mehr als alle Jojel Taschker:

„Na, hab' ich nicht recht? Eine zuchtlose Welt ist das! Die jüdischen Kinder wollen nicht beten, nicht Tefillin legen ..."

„Tefillin legen schenk' ich Euch", mischt sich

jetzt plötzlich Kompanjewitsch, der bisher geschwiegen hat, ein, „das mögt ihr halten, wie ihr wollt. Kümmert mich nicht. Dagegen, seht ihr, einen Talles-koten! Da kann ich mich drüber aufregen, daß ihn unsere jungen Leute nicht tragen. Keine Tefillin legen, kann ich verstehen. Man hat Arbeit damit, muß sie anlegen und abnehmen. Aber einen Talles-koten, irgendwo unter dem Hemd tragen. Das ist doch gar nichts! Und wer sieht es?"

Diese Worte sprach der Ketzer mit leiser Stimme, gemessen und ernst. Wenn ein Blitz eingeschlagen hätte oder der Wagen umgefallen wäre, unser Taschker hätte nicht mehr überrascht sein können. Was hatte das zu bedeuten? Waren die Zeiten des Messias da? Daß ein solcher Schweinefresser von Talles-koten redet –! Und er wendet sich zu Frojke – nicht etwa zu Kompanjewitsch:

„Wie gefällt dir der Heilige, he he? Spricht auch von Talles-koten!"

„Ja, warum denn nicht? meint Frojke ganz naiv. Das war für Jojel Taschker schon zu viel.

„He, he, he!" lachte er. „Will auch ein Jude sein! Einer, der am Sabbath einen Samowar aufstellt! Am Tischobow Fleisch ißt! Nicht einmal das Geschirr für Pessach waschen läßt! Und das spricht von Talles-koten!"

„Ja, warum denn nicht?" sagt Frojke, wieder so unschuldig wie zuvor. „Was hat das eine mit dem andern zu schaffen? Herr Kompanjewitsch mag vielleicht alles das tun, was Ihr da aufzählt, und trotzdem kann ich mir ganz gut vorstellen, daß er unter dem Hemd einen Talles-koten trägt"

„Wer? Der Rasierte da?“ schreit der arme Taschker, „der liederliche Mensch? Der Gottesleugner?“

Die Leute im Coupé sind ganz still geworden und blicken gespannt auf Kompanjewitsch. Der schweigt aber. Frojke auch. Bald fährt er jedoch auf, Frojke nämlich, wie ein Mensch, der sich entschlossen hat, etwas zu wagen:

„Ich will Euch was sagen, Reb Jojel“, ruft er, „ich geh' von der Ansicht aus, daß man eine jüdische Seele nie aufgeben darf. Wenn ein Jude von einem Talles-koten mit Respekt spricht, dann trägt er wahrscheinlich selbst einen. Ich lege einen Hunderter für die Abgebrannten von Draschne ein. Ihr legt ebensoviel ein. Und dann wollen wir Euern Herrn Mieter bitten, daß er in unserer Gegenwart den Rock und das Hemd öffnet und uns zeigt, ob er einen Talles-koten trägt.“

„Ganz richtig, ganz richtig!“ rufen alle andern, ereifern sich und machen Spektakel. Es wird recht lustig im Coupé.

Kompanjewitsch aber sitzt still da wie einer, der mit der Sache nichts zu tun hat. Und unser Jojel Taschker? Der schwitzt mächtig: er hat noch niemals in seinem Leben gewettet, auch nicht um zwei Groschen! Und soll nun plötzlich einen ganzen Hunderter einsetzen? Wie, wenn der schlechte Kerl am Ende wirklich einen Talles-koten trägt? Gott behüte! Doch nein! Das ist ja gar nicht möglich, sagt er sich weiter. Kompanjewitsch – und ein Talles-koten! Nein! Er kann ruhig selbst seinen Kopf wagen. Und er faßt sich ein Herz und zieht einen Hunderter hervor. Man wählt zwei bessere Leute aus, bei denen das Geld deponiert wird. Dann erst nimmt man Kompanjewitsch in Arbeit. Er soll sich ausziehen. Aber es fällt ihm gar nicht ein, er will nicht.

„Was bin ich denn?“ ruft er plötzlich ganz gesprächig, „ein Bub oder ein Komödiant? Daß ich mich hier im Coupé am hellichten Tage vor einer ganzen Menge Menschen ausziehen soll?“

Jojel Taschker's Antlitz strahlt.

„Aha!“ ruft er Frojke zu, „wer hat recht? Ich oder du? Ich kenne meine Leute! So ein Mensch spricht von Talles-koten! He, he, he!“

Alle dringen nun in Kompanjewitsch.

„Ihr müßt es tun! Bedenkt doch! Wie es ausgehen mag, in jedem Fall kriegen doch die unglücklichen Abgebrannten einen Hunderter.“

„Ja, für die unglücklichen Abgebrannten“, hilft Jojel Taschker den andern, ohne Kompanjewitsch anzusehen.

„Die armen Leute liegen mit Weibern und Kindern draußen im Freien!“ dringt man weiter in Kompanjewitsch.

„Ach ja, draußen im Freien!“ wiederholt Jojel Taschker.

„Ein Jude soll doch Gott im Herzen tragen!“

„Gott im Herzen tragen!“ sagt Jojel Taschker nach.

Nach langer Müh und Rede setzt man es endlich bei Kompanjewitsch durch, daß er Rock, Weste und Hemd öffnet. Und nun stellt euch vor: Trug der Mensch wirklich einen Talles-koten unterm Hemd! Und was für einen Talles-koten! Einen großen, koschern, Berschader Fabrikat, mit blauen Streifen und dicken, starken Zizzes, wie bei einem Rew. Ha, ha, ha! . . . Nein, so was bringt nur so ein Gauner wie Frojke Schejgez fertig! Es hat ihn freilich Jojel Taschkers Kundschaft gekostet, er darf ihm nicht mehr unter die Augen kommen. Dafür hat er aber den Abgebrannten von Draschne einen Hunderter, einen ganzen Hunderter verschafft. Und von wem hat er ihn herausgekriegt?! Von einem Geizhals, einem Filz, der niemals in seinem Leben einem Armen ein Almosen, auch nicht einmal ein Stückchen Brot gegeben hat! Soll den Kerl nicht der Teufel holen? Ich meine natürlich den Frojke –.

Der Gast

1

„Diesmal hab' ich einen Gast zu Pejssach für Euch, Reb Jojne, wie Ihr ihn sicherlich noch nie gehabt habt, seit Ihr ein Haus führt."

„?"

„Einen Essrig, einen Paradiesapfel, von einem Gast!"

„??"

„Die reinste Seide! Und ein stattlicher Mann. Schade nur, daß er unsere Sprache nicht versteht."

„Welche denn?"

„Die heilige Sprache."

„Aus Jerusalem?"

„Woher, weiß ich nicht. Aber er spricht mit lauter A's" ...

Dies ein Gespräch, das mehrere Tage vor Pejssach zwischen meinem Vater und Asriel, dem Schammes stattfand. Und ich war natürlich auf den „Essrig", der unsere Sprache nicht versteht und mit lauter „A's" spricht, sehr neugierig.

Als endlich der erste Pejssach-Abend da war, bemerkte ich schon im Bethaus einen merkwürdigen Mann, der ein Straimel auf dem Kopfe und einen türkischen Kaftan mit gelben, blauen und roten Streifen trug. Er war bald von uns Jungen umringt und angestaunt, wofür wir von Asriel, dem Schammes, unsern Teil abbekamen. Kinder hätten einen Fremden in Ruhe zu lassen. Nach dem Gebete trat die ganze Gemeinde, einer nach dem andern, auf den sonderbaren Menschen zu, alle reichten ihm die Hand und begrüßten ihn mit „Gut Jontew". Und er antwortete, während ein freundliches Lächeln auf seinem frischen, von einem grauen Bärtchen umrahmten Gesichte ruhte, immer nur mit „Schalom! Schalom!" Darüber mußten wir Jungen mächtig lachen, was wieder Asriel, den Schammes, mächtig verdroß, so daß er mit erhobener Hand auf uns losging. Wir entwischten aber nur, um im nächsten Augenblick wieder um den seltsamen Fremden zu sein, wieder seinem „Schalom! Schalom!" zu lauschen, wieder in ein unbändiges Gelächter auszubrechen und wieder Asriels Hand zu entrinnen. Schließlich nahm dieses Spiel ein Ende. Alles ging nach Hause. Der Fremde aber schloß sich meinem Vater an, was mich sehr stolz machte. Ich fühlte, wie mich meine Kameraden beneideten, wie ihre neidischen Blicke uns folgten. Was konnte ich da Besseres tun, als mich umdrehen und die Zunge herausstrecken?

Auf dem Wege wurde kein Wort gesprochen. Als wir ins Zimmer traten, und der Vater die Mutter mit „Gut Jontew" begrüßte, nickte der Gast nur mit dem Kopf, daß das Straimel zitterte, und sagte „Schalom! Schalom!" Meine Kameraden fielen mir ein, und ich mußte das Gesicht unter dem Tisch verstecken, um nicht wieder aufzulachen. Im übrigen warf ich dann von Zeit zu Zeit einen Blick auf den Gast, und ich muß sagen, daß er mir sehr gut gefiel: Vor allem sein türkischer Kaftan – der mit den gelben, blauen und roten Streifen –, die roten, frischen Wangen, das schön gerundete graue Bärtchen und die schönen schwarzen Augen, die lächelnd unter den dichten grauen Augenbrauen hervorsahen. Auch dem Vater gefiel er augenscheinlich sehr gut, er hatte offenbar seine Freude an ihm, und eigenhändig bemühte er sich, das Hessebett herzurichten. Die Mutter aber, die mit den Vorbereitungen zum Ssejder stark beschäftigt war, wobei ihr Rickel, das Dienstmädchen, half, sah auf den Gast wie auf einen göttlichen Mann.

Endlich kam es zum Kiddesch. Während bisher nicht gesprochen worden war, unterhielt sich der Vater jetzt mit dem Gast in der heiligen Sprache. Und ich war glücklich, daß ich fast jedes Wort verstand. Hier das Gespräch in wörtlicher Wiedergabe:

Vater: „Nu?“ (Bedeutet in unserer Sprache: Bitte, macht Kiddesch!)

Gast: „Nu – nu!“ (Bedeutet in unserer Sprache: Bitte, Ihr!)

Vater: „Nu – o?“ (Warum nicht Ihr?)

Gast: „O – nu!“ (Ihr doch!)

Vater: „I – o!“ (Zuerst Ihr!)

Gast: „O – i!“ (Ihr zuerst!)

Vater: „E – o – i!“ (Ich bitte, Ihr!)

Gast: „I – o – e!“ (Ihr, ich bitte!)

Vater: „I – e – o – nu?“ (Was schadet's Euch, wenn Ihr anfangt?)

Gast: „I – e – o – nu – nu.“ (Wenn Ihr darauf besteht.)

Und nun nahm der Gast den Becher aus meines Vaters Händen und machte Kiddesch – aber einen

Kiddesch, wie wir ihn noch niemals gehört hatten und wohl auch nie wieder hören werden. Erstens mit lauter „A's": „Birschut maranan werabanan werabotai ..." Und zweitens kam seine Stimme nicht aus dem Halse, sondern gleichsam aus dem türkischen Kaftan mit den gelben, blauen und roten Streifen. Ich mußte mich wieder an meine Kameraden erinnern. Wie die lachen und wieviel Ohrfeigen sie kriegen würden, wenn sie bei diesem Kiddesch dabei wären! Da ich aber allein war, hielt ich mich zurück und stellte ruhig meinem Vater die vier Fragen. Dann sagten wir alle die Hagode. Ich war stolz darauf, daß wir und kein anderer diesen Mann zu Gast hatten.

2

Der Weise, der da sagte: Während des Mahles soll man nicht sprechen, möge mir's nicht übelnehmen, wenn ich sage, daß er das jüdische Leben nicht verstanden hat. Wann denn hat der Jude Zeit zum Reden, wenn nicht beim Essen? Und insbesondere Pejssach beim Ssejder, wo es so viel vor und nach der Mahlzeit zu sagen gibt!

Der erste Teil der Hagode war erledigt. Rickel, das Dienstmädchen, brachte Wasser, man wusch sich die Hände, sagte die Segenssprüche über die Mazze, man brachte die Fische, und die Mutter gab jedem sein Stück. Und nun ließ sich der Vater mit dem Gast in ein langes Gespräch ein, das in der heiligen Sprache geführt wurde. Zuerst fragte er ihn natürlich nach seinem Namen:

„Ma schmejchem?“

Darauf der Gast in lauter „A's“ und ohne abzusetzen, in der Art wie man die zehn Söhne Hamans in der Megille herunterliest:

„Ajak bachar galasch damath hanak wassam saan chapaf tazaz.“

Dem Vater blieb der Bissen fast im Halse stekken. Mit erstaunten Augen sah er den Mann an, der einen so langen Namen trug. Ich aber begann zu husten und sah unter den Tisch.

„Gib acht, wenn du Fische ißt“, sagte die Mutter, „daß du keine Gräte verschluckst“, und blickte dabei mit großem Respekt auf den Gast, dessen langer Name, obwohl sie ihn nicht verstand, ihr Bewunderung einflößte.

Der Vater hielt es für nötig, ihr Erklärungen zu geben:

„Verstehst du? Ajak usw. ist unser Allef-Bejss, nur umgestellt. Offenbar ist das dort Sitte bei ihnen, daß jeder nach dem Allef-Bejss heißt.“

„Alef Bet! Alef Bet!“ nickte der Fremde, ein süßes Lächeln auf den blutroten Lippen, und sah uns alle, selbst Rickel, das Dienstmädchen, freundlich an.

Nachdem so der Vater den Namen seines Gastes erfahren hatte, wollte er nun auch wissen, aus welchem Lande er kam. Ich reimte mir das aus den Namen der vielen Städte und Länder zusammen, die ich zu hören kriegte und die der Vater übrigens dann auch der Mutter übersetzte, wobei er fast jedem Wort noch eine Erklärung hinzufügte. Die Mutter war ganz hingerissen, und auch Rickel, das

Dienstmädchen, war hingerissen. Und es war ja auch etwas da, was hinreißen konnte. Es ist doch keine Kleinigkeit: Da kommt jemand aus einem Lande, das vielleicht zehntausend Meilen weit liegt und in das man nur gelangen kann, nachdem man sieben Meere durchfahren hat, vierzig Tage und vierzig Nächte durch eine Wüste gegangen und schließlich, schon hart am Ziele, noch über einen Berg geklettert ist, dessen Spitze bis in die Wolken reicht und mit Eis bedeckt ist und auf dem es schreckliche, lebensgefährliche Stürme gibt. Freilich, wenn man einmal über diesen Berg hinüber ist und in das Land hineinkommt, dann sieht man ein wahres Paradies vor sich: da gibt's die feinsten Spezereien und Früchte, Äpfel, Birnen und Apfelsinen, Weintrauben, Datteln und Oliven, Nüsse und Feigen, die schwere Menge. Und die Häuser sind dort ganz aus Tannenholz gebaut und mit reinem Silber gedeckt, die Gefäße sind aus gleißendem Gold. (Der Gast wirft dabei einen Blick auf unsere silbernen Becher, Löffel, Gabel und Messer.) Auf den Straßen liegen Brillanten, Perlen und Diamanten herum, aber niemand hat Lust, sich nach ihnen zu bücken, weil sie gar keinen Wert haben. (Der Gast sieht nach den Diamant-Ohrringen der Mutter und nach den gelben Perlen an ihrem weißen Hals.)

„Hörst du?“ fragt der Vater die Mutter. Auf seinem Gesichte leuchtet glückliche Zufriedenheit.

„Ja, gewiß!“ antwortet die Mutter; sie will aber auch wissen, warum die Leute dort das alles nicht hierher bringen, sie würden ja steinreich werden. „Bitte, frag' ihn doch, Jojne, wollen mal hören.“

Der Vater stellt dem Gast die Frage und übersetzt die Antwort, die er erhält, der Mutter in unsere Sprache:

„Verstehst du? Er sagt: Wenn du hinkommst, kannst du dir so viel nehmen, wie du willst, ganze Taschen voll. Aber wenn du wieder abfährst, mußt du wieder alles zurückgeben, und findet man dann nur das Geringste bei dir, dann hast du dein Leben verwirkt."

„Was heißt das?" fragt die Mutter erschrocken.

„Das heißt, daß man dich entweder an einen Baum hängt oder zu Tode steinigt."

3

Die Geschichten unseres Gastes wurden mit jeder Minute interessanter. Wir waren schon nach den Klößen, ein jeder nippte noch vom Weine, da fragte der Vater, wem das alles eigentlich gehöre, und ob es dort einen König gäbe. Er bekam auch sofort eine klare Antwort und übersetzte sie sofort mit großem Behagen der Mutter in unsere Sprache:

„Er sagt, daß das alles den dortigen Juden gehört, die man „Sfardim" nennt. Sie haben auch einen König, sagt er, der auch ein Jude ist, sogar ein sehr frommer Jude, der ein Straimel trägt und Josef ben Josef heißt. Er ist auch Hohepriester bei den „Sfardim" und fährt in einer goldenen Kutsche aus, der sechs feurige Pferde vorgespannt sind, und wenn er ins Bethaus kommt, gehen ihm, sagt er, die Leviten mit Gesang entgegen . . ."

„Bei euch singen Leviten im Bethaus?" fragte der

Vater verwundert und gab die Antwort, die er sofort bekam, ebenso schnell an meine Mutter in unserer Sprache weiter. Dabei strahlte sein Gesicht wie die Sonne.

„Was sagst du dazu? Er erzählt, daß es bei ihnen einen heiligen Tempel gibt, mit Priestern, Leviten und einer Orgel ..."

„Und einen Altar auch?" wandte er sich wieder mit einer Frage an den Gast und gab die Antwort, die er sofort bekam, ebenso schnell an meine Mutter in unserer Sprache weiter:

„Er sagt, daß es bei ihnen einen Altar und Opfer gibt, und goldene Gefäße – ganz so wie einst bei uns in Jerusalem."

Der Vater seufzte, die Mutter sah ihn an und seufzte auch, ich aber konnte nicht verstehen, was dabei zu seufzen war. Ich war vielmehr ganz im Gegenteil der Meinung, wir müßten darauf stolz und dessen froh sein, daß wir ein solches Land haben, in dem ein jüdischer König und Hohepriester herrscht und ein Tempel mit Priestern, Leviten, Orgel, Altar und Opfern vorhanden ist ... Und gute, lichte Gedanken bemächtigten sich meiner und trugen mich geradenwegs in jenes glückliche jüdische Land, wo die Häuser ganz aus Tannenholz gebaut und mit Silber gedeckt und die Gefäße aus gleißendem Golde sind, wo Brillanten, Perlen und Diamanten auf der Straße liegen. Zwischendurch fiel mir auch ein, daß ich schon wüßte, was ich zu tun hätte, wenn ich dort wäre; daß man bei mir die Dinge nicht finden könnte, so gut würde ich sie verstecken. Und ich würde dann der Mutter ein prächtiges Geschenk mitbringen: Brillant-Ohrringe und Perlenschnüre. Dabei warf ich einen Blick auf die Diamant-Ohrringe und die gelben Perlen an Mutters weißem Hals. Ein unbändiges Verlangen, in jenem Lande zu sein, stieg in mir auf. Ich faßte den Plan, gleich nach den Feiertagen mit dem Gaste hinzufahren, selbstverständlich im geheimen, niemand sollte davon wissen. Ich beschloß, mein Geheimnis dem Gast anzuvertrauen, mein Herz vor ihm auszuschütten, ihm die ganze Wahrheit zu sagen und ihn zu bitten, mich wenigstens auf kurze Zeit in seine Heimat mitzunehmen. Ich zweifelte nicht, daß er es tun werde; er war doch ein so guter, zutunlicher Mensch, der für jeden, selbst für Rickel, das Dienstmädchen, so freundliche und herzliche Blicke hatte.

Ich sah ihn an, und weil seine schönen, schwarzen Augen auf mich gerichtet waren, schien es mir, daß er meine Gedanken erraten habe. Ja, es kam mir vor, daß er mir zuwinke und in seiner Sprache zu mir sage: Still, mein Junge! Hab' nur Geduld, bis die Feiertage vorüber sind. Dann wird sich schon alles finden.

4

Ich kam die ganze Nacht nicht aus den Träumen heraus: Wüste, Tempel, Hohepriester, ein hoher Berg! Ich klettere auf den hohen Berg hinauf, oben wachsen Brillanten, Perlen, Diamanten, und meine Kameraden klettern auf die Bäume und schütteln eine Menge Brillanten, Perlen, Diamanten herunter.

Und ich stopfe mir die Taschen voll. Und, ganz merkwürdig: Soviel ich auch hineinstopfe, es geht immer noch mehr hinein! Wenn ich aber was herausnehme, so sind es nicht mehr Brillanten, Perlen, Diamanten, sondern allerlei Früchte: Äpfel und Birnen, Apfelsinen und Oliven, Datteln, Nüsse und Feigen ... Und ich stehe arge Qualen aus. Ich wälze mich von einer Seite auf die andere und stehe vor dem Tempel, ich höre die Priester den Segen erteilen, die Leviten singen und die Orgel spielen. Ich möchte gern in den Tempel hineingehen, kann aber nicht: Rickel, das Dienstmädchen, hält mich und läßt mich nicht los. Ich bitte sie, ich schreie, ich weine, ich quäle mich ab, wälze mich wieder herum, fahr' in die Höhe und – sehe den Vater und die Mutter vor mir, nur halb bekleidet, beide totenblaß, der Vater mit gesenktem Kopfe, die Mutter händeringend, mit Tränen in den schönen Augen. Mein Kinderherz fühlt, daß da etwas Schlimmes passiert ist. Aber was auch mein Kinderverstand raten mochte, an das, was wirklich geschehen war, reichte er nicht heran:

Unser Gast, der Fremde aus dem weiten Lande, aus jenem glücklichen Lande, wo die Häuser ganz aus Tannenholz gebaut und mit reinem Silber gedeckt sind, war verschwunden und mit ihm eine ganze Menge Dinge: Alle silbernen Becher, alle silbernen Löffel, Gabeln, Messer, Mutters ganzer Schmuck, auch bares Geld, soviel im Schrank gelegen hatte, und endlich auch Rickel, das Dienstmädchen ...

Meine Trauer war sehr groß – nicht über die verschwundenen silbernen Becher, Löffel, Gabeln und Messer, nicht über Mutters Schmuck, nicht über das bare Geld, auch nicht über Rickel, das Dienstmädchen – hol sie der Teufel –, sondern über das glückliche, glückliche Land, wo die Brillanten, Perlen, Diamanten auf der Straße herumliegen und über den Tempel mit den Priestern und Leviten, der Orgel und dem Altar und über die andern guten Dinge, die man mir geraubt, geraubt, geraubt hat ... Und ich drehte mich mit dem Gesicht zur Wand und weinte still vor mich hin ...

Das große Los

Eine wunderliche Geschichte, in der berichtet wird, wie Tewje, der Milchmann, ein armer Teufel und Vater vieler Kinder, durch ein sonderbares Geschehnis, das in einem Buche erzählt zu werden verdient, plötzlich aus seinen Nöten befreit wurde. Nach Tewjes eigener Erzählung, Wort für Wort, wiedergegeben.

> Er richtet auf aus dem Staube den Armen,
> Erhebt aus dem Unrat den Dürftigen.
>
> (Ps. 113,7.)

Wem das große Los beschieden ist, lieber Herr Scholem-Alechem, dem kommt er ins Haus, der braucht keinen Verstand und kein Talent dazu. Natürlich ebenso, wenn's schief geht. Da könnt Ihr Euch auf den Kopf stellen – und es hilft Euch gerad so viel wie der Schnee vom vorigen Jahre. Wie sagt man doch: Es gibt keine Weisheit und keinen Rat gegen ein schlechtes Pferd. Also, da plagt man sich, wird geschunden, glaubt oft schon sein letztes Stündlein gekommen! Und plötzlich ... Man darf nur nicht das Gottvertrauen verlieren ... Wenn's noch so schlimm geht. Ich hab's an mir selber erfahren – denn wie käme ich sonst dazu, so mitten drin Butter und Käse zu verkaufen, da doch selbst meine Urgroßmutter niemals damit gehandelt hat? Und auf Ehre , die Geschichte ist wert, daß Ihr sie im ganzen anhört, vom Anfang bis zum Ende. Ich will mich auf eine Weile neben Euch ins Gras setzen, das Pferdchen mag inzwischen grasen. Ist doch auch von Gott geschaffen!

Also, es war Schwueß-Zeit, oder richtiger, um keine Lüge zu sagen, ein oder zwei Wochen vor Schwueß, vielleicht auch, hm, einige Wochen nach Schwueß. Vergeßt nicht, daß seitdem ... nur schön langsam, damit ich's Euch genau sage ... gerade neun Jahre vergangen sind, oder zehn, und vielleicht noch eine Elle drüber. Ich war damals, wie Ihr mich da seht, gar nicht der, der ich heute bin; das heißt: derselbe Tewje war ich ja, aber doch nicht derselbe. Wie sagt man doch: dieselbe Jente bloß mit einem anderen Schleier. Das soll heißen, daß ich damals ein Hungerleider war, wie wohl ich ja im Grunde genommen auch heute noch lange kein reicher Mann bin. Wieviel mir zu einem Brodski fehlt, wünschte ich, daß wir beide diesen Sommer bis nach Ssukeß verdienen! Jedenfalls im Vergleich zu einst, bin ich jetzt ein reicher Mann, habe Pferd und Wagen, unberufen auch einige Kühe, die gemolken werden und noch eine, die gerade vor dem Kalben steht. Und alle Tage gibt's Käse und Butter und frischen Rahm – alles eigene Arbeit, denn wir alle greifen zu, keiner ist müßig, meine Frau melkt die Kühe, die Kinder tragen Krüge, schlagen Butter, und ich selbst fahre, wie Ihr da seht, jeden Morgen auf den Markt, geh' alle Sommerwohnungen in Bojberik ab, man sieht diesen und jenen, die angesehensten Leute von Jehupez, spricht sich aus und fühlt dabei, daß man auch jemand auf der Welt ist und nicht bloß ein hinkender

Schneider, wie man so sagt. Und erst am Schabbes! Da bin ich doch ein ganzer König, guck' in jüdische Bücher hinein: Bibel, etwas Targum, Psalmen, Sprüche der Väter, dies, das und noch Verschiedenes. Ihr seht mich an, Herr Scholem-Alechem, und denkt Euch wahrscheinlich: Das ist doch einer, dieser Tewje! ...

Doch, wovon hab' ich nur angefangen? Ja, daß ich damals schrecklich arm war, mit Frau und Kindern dreimal am Tage am Verhungern, das Abendbrot nicht miteingerechnet. Ich arbeitete wie ein Pferd, ganze Wagen voll Holz führte ich aus dem Wald zur Bahn, für dreißig Kopeken den Tag – dabei gab's nicht mal immer Arbeit –, und damit mußte ich ein Haus mit sechs Mäulern unberufen ernähren, dazu ein Pferd in Kost, das durchaus nicht mit sich reden ließ, sondern immer nur futtern wollte. Was tat aber Gott? Er ist ja – wie sagt man doch – der, der alle nährt und erhält, und sein Weltchen führt er mit Klugheit und Verstand, nun, und so sah er auch, wie schrecklich ich mich um das Stückchen Brot plagte, und da meinte er: „Du glaubst, scheint es, lieber Tewje, daß alles aus ist, nichts zu machen, verlorenes Spiel! Schämst du dich nicht, du Schafskopf?! Na, ich will dir zeigen, wenn ich nur will, macht das Glück kehrt und scheint dir ins Gesicht". Ja, ja,wie wir's aus dem „Unssane tojkef" wissen: der eine wird erhoben, der andere erniedrigt. Das heißt: der eine darf fahren, der andere muß zu Fuß gehen, und die Hauptsache bleibt natürlich Gottvertrauen. Hoffen muß man, nur hoffen. Daß man aber vielleicht inzwischen allerei aussteht? Nun, wozu wären wir denn Juden, wie sagt man doch: die Auserwählten? Nicht umsonst beneidet uns die ganze Welt – Ja, wieso ich darauf komme? Nun, ich will Euch doch erzählen, wie Gott es mit mir angestellt hat: die reinen Wunder! Ihr könnt Euch's anhören:

Es war einmal im Sommer, abends, da fahre ich durch den Wald, nach Hause, schon ohne meine Holzladung. Ich bin recht verdrießlich und trübselig, das Pferdchen schleppt kaum die Beine weiter, es nützt kein Zureden. „Hol dich der Geier, du Unglückstier", sag' ich, „meinetwegen mit mir zusammen! Spür' auch du, was so ein langer Sommer-Fasttag heißt, wenn du schon das Pech hattest, an Tewje zu geraten ...". Ringsherum ist's still, jeder Peitschenknall ruft einen Widerhall im Wald hervor. Die Sonne geht unter, der Tag stirbt, die Schatten der Bäume strecken sich so lang hin wie das jüdische Golus. Es beginnt dunkel zu werden, und das Herz wird mir bang, verschiedene Gedanken und Vorstellungen kommen mir in den Sinn, allerlei Gestalten lang verstorbener Menschen kommen mir entgegen, und ich erinnere mich an zu Hause: ach, ach! Im Zimmer kein Licht, finster; die Kinder, ohne Kleider und Schuhe, warten auf den Unglücksvater, daß er ein frisches Brot und vielleicht gar eine frische Semmel mitbringt; und sie, meine Alte, wie die Weibsbilder schon sind, brummt: Kinder mußte ich ihm kriegen und noch obendrein sieben. Gott straf' mich nicht: soll ich sie denn lebend ins Wasser werfen? Na, Ihr könnt Euch vorstellen: solche Reden anhören zu müssen! Man ist doch auch nur ein Mensch, und mit Worten kann man den Magen nicht stopfen; ißt man ein Stück Hering, so möchte man ja auch Tee danach haben, und zum Tee braucht man doch Zucker, und Zucker – wie sagt man doch – gibt's bei Brodski. Die Frau aber meint: Auf Brot kann ich verzichten, wenn's sein muß, aber ohne Tee, sagt sie, wenn ich aufsteh', kann ich nicht leben. Das Kind, sagt sie, saugt mich ja die ganze Nacht aus. Und dazu ist man ja auch Jude sozusagen. Gewiß, wie sagt man doch: Minche ist keine Ziege, springt nicht davon, aber beten will man ja doch. Na, und da stellt Euch vor, was für Beten das sein kann, wenn zum Unglück gerade beim Scheminessre das Pferdchen toll wird und davonläuft; da heißt es ihm nachlaufen, die Zügel fassen und dabei wieder beten. Man kann nicht stehen bleiben. Und wann passiert's? Grad' in dem Augenblick, da man so gern mit der ganzen Seele beten möchte! Vielleicht wird einem davon das Herz leichter. –

Kurz, ich laufe so dem Wagen nach, bete dabei singend, als betete ich vor: „Der in Gnaden alles Leben erhält ..." – der da tut speisen alle Geschöpfe – „und seine Treue auch denen bewahrt, die im Staube schlafen ..." – selbst denjenigen, die schon drunten liegen. Ja, ja, denk' ich mir, ich lieg' auch schön drunten. Wie begraben! Während die anderen, die Jehupezer Millionäre, meine ich, den ganzen Sommer in Bojberik in ihren Villen wohnen und essen und trinken und in allen Genüssen schwelgen. O, Herr im Himmel, warum mir das? Ich bin doch, glaub' ich, ein Jude wie alle Juden, so hab' doch ein Einsehen, lieber, lieber Gott – „sieh doch unser Elend ..." – sieh doch, sag' ich, wie wir uns plagen und nimm dich der Armen an, denn wer wird sich denn nach ihnen umsehen, wenn du es nicht tust? – „Heil uns, auf daß wir gesunden ..." – schick uns Heilung, krank sind wir schon selbst ... – „segne uns ..." – segne uns mit einem guten Jahr, auf daß alles Getreide gerate, Korn und Weizen und Gerste – wiewohl ja im Grunde genommen für mich Unglücksmenschen dabei gar nichts herausschaut. Denn was hat zum Beispiel mein Pferdchen davon,wenn der Hafer billiger wird? Doch, pfui! Wer wird Gott solche Fragen stellen! Und besonders ein Jude muß doch alles für gut hinnehmen und ‚gam su letojwo' sagen: ‚Auch das ist zum Guten!' Wahrscheinlich will es Gott so. Und ich singe weiter „Und den Verleumdern ..." – die Aristokraten, die da sagen, daß es keinen Gott gibt, werden schön aussehen, wenn sie hinkommen, mit Zinsen wird man's ihnen heimzahlen, denn er ist ein „Zerschmetterer der Feinde" – ein guter Zahler, nicht zu spaßen mit ihm, man muß ihm mit Guten kommen, ihn bitten, ihn anflehen: „Barmherziger Vater" – barmherziger, lieber Vater im Himmel! – „höre unsere Stimme" – höre unser Geschrei, „schone uns und erbarme dich unser ..." – erbarme dich meiner Frau und meiner Kinder, sie sind doch hungrig! – „finde Wohlgefallen", finde Gefallen an Deinem lieben Volke Israel, wie früher einmal, im heiligen Tempel, da noch die Priester und die Leviten ..."

Da plötzlich – halt! Das Pferdchen steht! Ich sage noch schnell das letzte Stück Scheminessre herunter, blicke auf und sehe gerade aus dem Walde zwei seltsame Gestalten mir entgegenkommen. Sie sind ganz merkwürdig gekleidet, wie maskiert, hätte ich fast gesagt. Räuber – ist mein erster Gedanke, dessen ich mich aber sogleich wieder schäme: pfui, Tewje, so ein Schafskopf bist du! Fährst doch schon so viele Jahre durch den Wald, bei Tag und Nacht, warum gerade heute Räuber? Ich mache mir Mut, sag' zu meinem Pferdchen „Hot", streichle es ein bißchen mit der Peitsche, als ginge mich die Sache gar nichts an. Schon meldet sich aber eine von den zwei Gestalten, winkt mit einem Tuch und ruft mit einer Weiberstimme:

„Reb Jid, so hört nur! Bleibt doch ein Augenblickchen stehen, wartet doch ein Weilchen, fahrt doch nicht davon, es geschieht Euch nichts."

Aha, Unholde, denke ich mir, zanke mich aber gleich darauf selber aus: du Schafskopf, du Rindvieh! Woher sollen da mittendrin Teufel, Geister kommen? – und ich halte an. Ich schaue mir die beiden Gestalten gut an: Weiber, ein älteres mit einem seiden Tuch und ein jüngeres mit einer Perükke auf dem Kopf, beide mit feuerroten, verschwitzten Gesichtern.

„Guten Abend!" sage ich laut, gleichsam um meine Furchtlosigkeit zu zeigen. „Was wünscht Ihr? Wenn Ihr etwa daran denkt, etwas zu kaufen, sag' ich Euch gleich: Ihr werdet bei mir gar nichts finden, höchstens Bauchweh – meinen Feinden wünsch' ich's – oder Herzkrämpfe eine ganze Woche, oder ein bißchen Kopfschwindel und sonst trockene Schmerzen und nasse Leiden ..."

„Still, still", sagen sie. „Da sieh nur, wie er losgelassen ist. Einfach lebensgefährlich ... Wir wollen gar nichts kaufen, sondern Euch nur fragen, ob Ihr uns nicht den Weg nach Bojberik zeigen könnt?"

„Nach Bojberik?" lache ich. „Das ist ja, als wenn Ihr mich fragtet, ob ich weiß, daß ich Tewje heiße."

„So?" Tewje heißt Ihr? Guten Abend, Reb Tewje. Und was gibt's da zu lachen? Wir sind hier fremd, aus Jehupez, wohnen in Bojberik den Sommer über. Ganz früh am Morgen sind wir auf ein Weilchen spazieren gegangen, haben uns aber verirrt und irren jetzt schon den ganzen Tag herum, ohne den richtigen Weg finden zu können. Nun hörten wir plötzlich singen, und anfangs – kann man denn wissen – meinten wir, es sei ein Räuber. Aber später, als wir aus der Nähe sahen, daß Ihr ein Jude seid, beruhigten wir uns wieder. Jetzt versteht Ihr also?"

„Ha, ha, ha, ich ein Räuber!" sag' ich, „habt Ihr schon einmal die Geschichte von dem jüdischen Räuber gehört, der einen Mann anfällt und ihn um eine Prise Tabak bittet? Wenn Ihr wollt," sage ich, „will ich Euch die Geschichte erzählen."

„Hebt sie für ein anderes Mal auf, jetzt zeigt uns lieber den Weg nach Bojberik."

„Nach Bojberik?" sage ich. „Hier sind wir ja auf dem richtigen Weg nach Bojberik. Selbst wenn Ihr nicht wollt, müßt Ihr da nach Bojberik kommen."

„Warum schweigt Ihr?" fragen sie noch.

„Soll ich denn schreien?" sag' ich.

„So müßt Ihr doch aber wissen: ist es noch weit nach Bojberik?"

„Es ist nicht weit nach Bojberik,“ sage ich, „mehrere Werst, das heißt,“ sage ich, „so an die fünf, sechs oder sieben und vielleicht gar ganze acht.“

„Acht Werst?“ schreien die beiden Frauen auf, ringen die Hände und sind fast dem Weinen nahe. „Was sagt Ihr? Bedenkt doch! Wißt Ihr, was das heißt: acht Werst?!“

„Was kann ich dafür?“ sage ich. „Wenn's nach mir ginge, möcht' ich ja den Weg ein bißchen kürzer machen. Ein Mensch soll“, sag' ich, „alles auf der Welt auskosten. Unterwegs kann sich's auch treffen, daß man in einem fürchterlichen Morast bergauf klettern muß – vielleicht ist auch noch der Schabbes nahe, der Regen prickelt einem ins Gesicht, die Hände zittern, man ist ganz schwach – und plötzlich: Krach! Eine Achse bricht! ...“

„Ihr schwätzt ja einfach wie ein Verrückter daher“, sagen sie, „scheint nicht bei Sinnen zu sein. Was erzählt Ihr uns da für ein Märchen. Wir haben keine Kraft mehr, die Füße zu bewegen. Außer einem Glas Kaffee und einer Buttersemmel haben wir heute noch gar nichts gegessen. Und Ihr kommt und erzählt uns da Geschichten.“

„Ja so“, sage ich, „das ist was anderes. Man sagt doch auch: vor dem Essen gibt's keinen Tanz. O, wie Hunger schmeckt, versteh' ich ganz gut. Das braucht Ihr mir nicht zu erklären. Es ist leicht möglich“, sage ich, „daß ich Kaffee und Buttersemmel schon ein Jahr lang nicht vor Augen gesehen habe. Und so wie ich da rede, stelle ich mir ein Glas heißen Kaffee mit Milch vor und eine frische Buttersemmel und noch andere gute Dinge. Du Unglücksmensch, denke ich mir, bist es gar nicht anders gewöhnt! Bei Kaffee und Buttersemmeln aufgezogen? Ein Stück Brot und Hering tun's nicht? Wie?! Aber der Böse läßt keine Ruhe: gerade Kaffee, gerade Buttersemmel muß es sein! Ich rieche den Duft von Kaffee, ich spüre den Geschmack einer Buttersemmel, einer frischen, guten Buttersemmel. Ah!"

„Wißt Ihr was, Reb Tewje?" sagen nun die Frauen. „Vielleicht wäre es gar am besten, daß wir, so wie wir dastehen, auf Euren Wagen steigen, und daß Ihr selbst so gut seid, uns nach Hause, nach Bojberik, zu fahren? Sagt, was haltet Ihr davon?"

„Eine kitzlige Geschichte", antworte ich. „Ich komme von Bojberik – und Ihr wollt nach Bojberik. Wie kommt da die Katze übers Wasser?"

„Na, und?" sagen sie. „da wißt Ihr nicht, was man tut? Ein gelehrter Mann weiß sich zu helfen: ganz einfach, man macht kehrt und fährt zurück. Seid unbesorgt, Reb Tewje", sagen sie, „wenn wir mit Gottes Hilfe gesund nach Hause kommen, so wird's sicher nicht Euer Schaden sein."

Ich denke mir: Was für eine verstellte Sprache reden die mit mir? Und wieder kommt mir allerlei in den Sinn: Geister, Hexen, Tote und sonstiger Spuk. Trottelvieh, du, denke ich mir, was stehst du da wie ein Klotz? Spring auf den Wagen, laß das Pferdchen die Peitsche spüren und mach, daß du fortkommst! Doch, Teufelswerk, platze ich wieder Willen heraus und sage: „Steigt auf!"

Mehr brauchen sie nicht zu hören, lassen sich

nicht lange bitten und sind schon oben. Ich mache mich auf den Bock, dreh' um, eins, zwei, drei mit der Peitsche, vorwärts! ... Aber ja – Kuchen! Nicht vom Fleck will sich's rühren, und wenn du's umbringst. Na, denk' ich mir, jetzt weiß ich schon, was das für Weiber sind ... Der Teufel hat mich geritten, daß ich mittendrin auf dem Weg stehen blieb und mit Weibern zu reden anfing! Ihr versteht doch? Auf der einen Seite der Wald, still und düster, gegen Abend, und da die zwei Gestalten, Weiber sollen's sein – Ich erinnere mich an die Geschichte von einem Fuhrmann, der einmal allein im Wald fuhr und plötzlich auf dem Weg einen Sack Hafer liegen sah. Ah, ein Sack Hafer! Er ist nicht faul und steigt vom Wagen, faßt an, es geht verteufelt schwer, er keucht dabei, doch endlich kriegt er ihn hinauf und vorwärts weiter! Er fährt so etwa eine Werst, dann will er nach dem Sack Hafer sehen, aber es ist kein Sack und kein Hafer mehr da, dafür liegt eine Ziege bei ihm im Wagen, eine Ziege mit Bart. Er will sie anrühren – da streckt sie die Zunge heraus, eine Meile lang, schlägt eine seltsam wilde Lache auf und verschwindet ...

„Nun, warum fahrt Ihr nicht?" fragen die Frauen.

„Warum ich nicht fahre? Ihr seht doch", sag' ich, „warum: das Pferdchen will nicht beten, ist nicht gelaunt."

„So gebt ihm die Peitsche", raten sie, „Ihr habt doch eine Peitsche."

„Ich danke sehr für den Rat", sage ich. „Gut, daß Ihr mich erinnert. Nur schade", sage ich, „daß es keinen Respekt vor ihr hat. Es ist schon so gewöhnt an sie, wie ich ans Hungerleiden.“ Und während ich mich so stelle, als ob ich einen Witz mache, zittere ich am ganzen Leibe.

Kurz, um Euch nicht aufzuhalten, ich habe meinen ganzen Zorn an dem Pferdchen ausgelassen, solange bis es sich endlich mit Gottes Hilfe vom Platze rührte – wajissu merfidim – und wir ordentlich vorwärtskamen. Während wir nun so fahren, geht mir ein neuer Gedanke durch den Sinn: bist doch ein Haupttrottel, Tewje! Warst ein Hungerleider und bleibst einer! Da beschert dir Gott so eine Begegnung, wie sie sich nur einmal in hundert Jahren trifft, und du machst nicht einmal aus, was du für das Geschäft kriegen sollst. Wie man's auch nimmt, ob vom Standpunkt der Billigkeit oder des Gewissens, der Menschlichkeit oder des Rechts und des Gesetzes oder, ich weiß selbst nicht, von was für einem Standpunkt noch – ein Unrecht ist's doch jedenfalls nicht, etwas dabei zu verdienen, und wenn der Bissen fetter werden kann, warum nicht, da's schon einmal so gekommen ist? Mach' also halt, du Rindvieh, und sag' ihnen offen heraus: gebt Ihr mir so und so viel, dann ist's gut, wenn aber nicht, dann, bitte, nehmt mir's nicht übel, steigt wieder ab! Ich überlege mir's aber gleich wieder: bist wirklich ein Rindvieh, Tewje! Weißt du denn nicht, daß man das Fell des Bären nicht im Walde verkaufen darf? Wie sagt doch der Bauer: zieh' nicht das Fell ab vor dem Fang –

„Warum fahrt Ihr nicht ein bißchen schneller?“ sagen die Frauen, indem sie mich hinten puffen.

„Warum eilt Ihr denn so?“ sage ich. „Von Eile“, sage ich, „kommt nichts Gutes heraus“, und seh’ mir dabei die beiden Weiblein rasch von der Seite an; hm, Frauen wie alle Frauen, eine mit einem seidenen Tuch, die andere mit einer Perücke; sie sehen sich an und reden leise miteinander:

„Noch weit?“ fragen sie.

„Näher als von hier sicher nicht“, sag’ ich. „Jetzt geht’s bald bergab und dann bergauf. Dann“, sag’ ich, „wieder bergab und bergauf, und dann haben wir erst den großen Berg hinauf und von dort geht’s dann schon ganz gerade bis nach Bojberik ...“

„Ist das ein Schlemihl!“ sagt eine zu der anderen.

„Ein schrecklicher Kerl!“ meint die zweite.

„Eine Draufgabe zum heutigen Tag!“ sagt wieder die erste.

„Mir scheint, ein Verrückter“, meint wieder die zweite.

Gewiß bin ich verrückt, denke ich mir, wenn ich mich so an der Nase herumführen lasse.

„Wo, zum Beispiel und Exempel, meine lieben Frauen, soll ich Euch abladen?“ frage ich.

„Was heißt das: abladen?“ sagen sie. „Was ist das für ein Ausdruck?“

„Man sagt so“, sage ich, „in der Fuhrmannssprache sagt man so. Ich meine, wohin ich Euch bringen soll, wenn wir, so Gott will und mit seiner Hilfe, gesund, wohlbehalten und lebendig nach Bojberik kommen? Wie sagt man doch: besser zweimal fragen, als sich einmal verirren.“

„Ach, das meint Ihr? Nun, Ihr werdet so gut sein, uns zu der grünen Villa zu fahren, die am Fluß auf der andern Seite des Waldes ist. Wißt Ihr, wo das ist?“

„Warum soll ich das nicht wissen?“ sage ich. „Ich kenne mich in Bojberik aus, wie bei mir zu Hause. Hätte ich nur die Tausende, wieviel Holz ich schon hingeführt habe. Da eben erst im vorigen Jahr, im Sommer“, sage ich, „habe ich zwei Klafter Holz auf einmal in der grünen Villa abgeliefert. Ein sehr reicher Mann hat dort gewohnt, aus Jehupez, ein Millionär, hat sicher seine hunderttausend Rubel und vielleicht gar seine zweihunderttausend!“

„Er wohnt jetzt auch dort“, sagen die Weiber, sehen sich an, reden leise miteinander und lachen.

„Dann ist es gar möglich, daß Ihr irgendwie mit ihm zu tun habt, und dann wäre es vielleicht gut“, sage ich, „daß Ihr Euch bemüht und für mich ein gutes Wort einlegt wegen einer Beschäftigung, eines Postens oder so was? Ich kenne“, sag' ich, „einen jungen Mann, Jißroël heißt er, nicht weit von meiner Stadt, der rein gar nichts gewesen ist, bis er irgendwie hingekommen ist, man weiß nicht woher und wieso, und heute ist er ein großes Tier, verdient vielleicht zwanzig Rubel die Woche oder gar vierzig, so genau weiß ich es nicht. So haben Menschen Glück! Oder z. B. der Schwiegersohn unseres Schächters! Was fehlt denn? Was wäre aber aus ihm geworden, wenn er nicht nach Jehupez gezogen wäre? Allerdings, in den ersten paar Jahren hat er genug ausgestanden, fast wäre er Hungers gestorben, dafür aber jetzt. Er schickt schon Geld nach

Hause, denkt schon daran, Frau und Kinder zu sich zu nehmen, es geht nur nicht, weil man ihn nicht in Jehupez wohnen läßt. Wieso aber wohnt er selbst da? Er quält sich eben ... Ja, ja", sag' ich, „wenn man lebt, erlebt man endlich was. Aber da ist doch schon", sag' ich, „der Fluß und da die grüne Villa", und fahre und etwas hitzig geradeaus mit der Deichsel in die Veranda hinein.

Kaum hat man uns erblickt, als schon von allen Seiten ein Freudengeschrei losbricht:

„Die Großmutter, die Mutter, die Tante! ... Zurückgekehrt! Gratulieren! ... Aber wo seid ihr denn nur gewesen? ... Wir waren schon so besorgt ... Nach allen Richtungen schickten wir Boten ... Wir dachten schon – was nicht alles vorkommen kann – an Wölfe, Räuber, Gott behüte. Aber, was ist denn eigentlich passiert ... ?"

„Eine schöne Geschichte: im Wald sind wir herumgeirrt. Vielleicht zehn Werst weit. Plötzlich kommt der jüdische Fuhrmann da, mit Wagen und Pferd, kaum, nach vielen Bitten, daß er uns aufnahm – der Schlemihl!"

Man brachte nun bald Lampen auf die Veranda, deckte den Tisch, stellte die heißen Samoware und Teekannen und Zucker und Eingemachtes und gute Pfannkuchen und frisches, duftendes Buttergebäck, und dann erst kam allerlei Essen, die teuersten Speisen, fette Suppen, Braten, Gänsebraten, schließlich die besten Weine und Schnäpse. Und ich stehe da und sehe mir an, wie man bei den reichen Leuten in Jehupez, unberufen, ißt und trinkt. ‚Versetzen soll man was', denk' ich mir, ‚nur um ein reicher Mann zu sein'. Mir scheint fast, was da nur auf den Boden fällt, würde für meine Kinder für eine ganze Woche reichen, bis Sabbath. Sag' doch, lieber Gott, du bist doch ein Gott der Langmut, ein großer und guter Gott, du übst doch Gnade und Billigkeit – wie kannst du nur einem alles und dem andern gar nichts geben? Dem einen Buttersemmeln, dem andern die Pest im Haus. Ich überlege mir's aber gleich wieder: bist doch ein großer Narr, Tewje, so wahr ich lebe, willst Ihm dreinreden, wie er die Welt regieren soll. Wenn er's so haben will, muß es wahrscheinlich so sein. Denn, das ist doch klar, wenn es anders sein müßte, so wäre es doch anders. Warum es aber eben nicht anders ist? Darauf ist die Antwort ganz einfach: weil wir doch so etwas wie Juden sind, und Juden in Glauben und Gottvertrauen leben müssen. Erstens müssen sie glauben, daß es einen Gott auf der Welt gibt, und dann müssen sie zu ihm hoffen, daß es schließlich doch besser werden wird ...

„Ja, wo ist denn eigentlich der Fuhrmann?" höre ich jemanden fragen. „Schon fortgefahren, der Schlemihl?"

„Gott behüte!" antworte ich. „Wie werde ich denn so einfach ohne Gruß davonfahren? Ich wünsch' Euch einen guten Abend, guten Appetit und wohl bekomm's!"

„Kommt doch her!" ruft man mir zu. „Was steht Ihr denn dort im Finstern? Wir wollen Euch doch wenigstens ansehen, was für ein Gesicht Ihr habt. Vielleicht nehmt Ihr ein bißchen Schnaps?"

„Ein bißchen Schnaps? Gewiß", sage ich, „wer

wird denn ein bißchen Schnaps ausschlagen –? Auf's Wohl!" sage ich und schütte ein Gläschen herunter. „Geb' Euch Gott", sag' ich, „Ihr sollt immer reich und glücklich sein, Juden sollen immer Juden sein, Gott soll ihnen Gesundheit und Kraft geben, auf daß sie ihre Leiden aushalten können."

„Wie heißt Ihr?" fragt mich jetzt der Hausherr selbst, ein vornehmer Mann mit einem Käppchen auf dem Kopf. „Von wo seid Ihr? Wo wohnt Ihr? Womit beschäftigt Ihr Euch? Habt Ihr eine Frau, Kinder und wieviel?"

„Kinder", sag' ich, „nicht zu wenig: daß ich mich nicht versündige! Wenn jedes eine Million wert ist, wie mir meine Golde einreden will, dann bin ich reicher als der reichste Millionär in Jehupez. Freilich ist ein Haken dabei", sage ich, „denn ‚arm ist nicht reich, krumm und gerade sind nicht gleich.' Wer Geld hat, dem ist gut. Und Geld haben eben die Brodskis, und ich hab' nur Töchter. Und wie sagt man doch: ‚Hat man Töchter, vergeht's Gelächter'. Aber so ist es nun einmal, und Gott ist ein Vater. Er tut, was er will, das heißt, er sitzt dort oben, und wir plagen uns da unten, man arbeitet, trägt Holz – was soll man tun, ändern kann man's ja nicht. Ja, wenn man nicht essen müßte! Meine Großmutter selig hat's schon gesagt: ‚Wenn man's Maul loswerden könnte, könnt' man den Kopf in Gold tragen' ... Aber nehmt mir meine Sprüche nicht übel", sag' ich, „ich kann ihnen nicht ausweichen, besonders nach einem Gläschen Schnaps auf nüchternem Magen."

„Man soll doch dem Mann auch etwas zu essen

geben“, sagt der Hausherr und sofort wird von allem Möglichen aufgetragen: Fisch und Fleisch und Braten und Geflügel und Gänsemagen mit Leberchen und so weiter ohne Ende.

„Ihr werdet doch etwas essen?“ fragt man mich. „Geht und wascht Euch die Hände!“

„Kranke fragt man, Gesunden gibt man“, antwortet ich, „und besten Dank! Nur müßt Ihr wissen: ein bißchen Schnaps, das geht noch. Aber sich da hinsetzen und sich's gut schmecken lassen, während daheim Frau und Kinder ... Wenn Ihr so freundlich sein wolltet ...“

Sie verstanden offenbar, was ich meinte. Denn sie fingen sofort an, mir ein jeder etwas anderes in den Wagen zu stopfen: Semmeln, Fisch, Braten, Geflügel, Tee und Zucker, einen Topf Schmalz, ein Glas mit Eingemachtem.

„Das bringt Eurer Frau und den Kindern als Geschenk. Sagt, was verlangt Ihr für Eure Mühe?“

„Wie werde ich verlangen?“ sag' ich. „Zahlt mir nach Eurem guten Willen“, sag' ich. „Wir werden uns vergleichen. Wie sagt man doch: ein Rubel mehr, ein Rubel weniger. Ein ausgetretener Schuh kann nicht noch mehr ausgetreten werden.“

„Ja, aber wir wollen von Euch selbst hören, was Ihr verlangt, Reb Tewje. Habt nur keine Furcht! Den Kopf kostet's Euch sicherlich nicht.“

Da ist guter Rat teuer, denke ich mir. Sag' ich: einen Rubel, wär's schade, falls ich zwei kriegen könnte. Sage ich aber zwei, fürchte ich wieder, sie könnten mich für verrückt halten. Wofür denn zwei Rubel?

„Drei Rubel!!“ platz’ ich heraus, und alle beginnen so zu lachen, daß ich am liebsten in die Erde gesunken wäre.

„Nehmt mir’s nicht übel“, sag’ ich, „wenn ich mich vielleicht verredet hab’. Ein Vieh auf vier Füßen strauchelt ja auch bisweilen, geschweige ein Mensch mit der Zunge.“

Sie lachen noch mehr, halten sich einfach die Seiten vor Lachen.

„Genug gelacht!“ ruft der Hausherr, holt aus der Brusttasche eine große Geldtasche hervor und zieht – na, wieviel glaubt Ihr? Ratet! – zieht einen Zehner heraus, einen roten Zehner, bei meinem Leben, einen feuerroten Zehner, und sagt dann:

„So, das habt Ihr von mir. Und jetzt, Kinder, gebt ihr aus eurer Tasche, wieviel euch recht ist.“

Na, was soll ich Euch erzählen? Die Fünfer und die Dreier und die Einer begannen nur so auf den Tisch zu fliegen! Hände und Füße zitterten mir. Im nächsten Augenblick mußte ich in Ohnmacht fallen.

„Nun, was steht Ihr noch da?“ sagt der Hausherr. „Nehmt die paar Rubel zusammen und fahrt gesund nach Hause, zu Eurer Frau und den Kindern!“

„Lohn’ Euch’s Gott!“ sag’ ich. „Zehnmal, hundertmal, soviel wünsch’ ich Euch und alles Gute und Glück dazu.“ Und ich raffe mit beiden Händen das Geld zusammen – von Zählen keine Spur! – und stopfe es in verschiedene Taschen.

„Gute Nacht“, sag’ ich. „Und Gesundheit und viel Glück wünsch’ ich Euch, Euch und Euren Kindern und Kindeskindern und Eurer ganzen Familie", sag' ich und will zum Wagen gehen.

Da hält mich aber die Hausfrau auf, das ist die mit dem seidenen Kopftuch.

„Bleibt noch eine Weile, Reb Tewje, von mir kriegt Ihr noch ein besonderes Geschenk. Kommt morgen, so Gott will, noch einmal her. Ich hab'", sagt sie, „eine Kuh, früher einmal war das eine ganz ausgezeichnete Kuh, vierundzwanzig Glas Milch hat sie gegeben, jetzt aber kann man sie nicht mehr melken, das heißt, melken kann man sie ja noch, aber Milch gibt sie keine mehr ..."

„Geb' Euch Gott ein langes Leben und Gesundheit", sag' ich. „Bei mir wird Eure Kuh schon Milch geben. Meine Alte ist, unberufen, eine so gute Hauswirtin, daß sie aus Luft Nudeln macht, aus den Fingern heraus Suppen kocht, mit Wundern den Sabbath vorbereitet und mit Gottes Segen die Kinder schlafen legt ... Nehmt mir's nicht übel, wenn ich vielleicht ein oder das andere überflüssige Wort gesagt habe. Gute Nacht! Adieu!" sage ich und gehe.

Ich komme in den Hof hinaus zum Wagen – und ein fürchterlicher Schreck fährt mir in die Glieder: Was ist denn das? Ich sehe mich nach allen Seiten um: Wehajeled enenu! – mein Pferdchen ist nicht da!

Na, da bist du schön hereingefallen, Tewje! denke ich mir, und es kommt mir eine schöne Geschichte in den Sinn, die ich irgend einmal in einem Buche gelesen habe: wie die Bösen einmal in der Fremde einen frommen Mann, einen Chossid, erwischten und in ihren Palast außerhalb der Stadt lockten, dort ihm zu essen und zu trinken gaben, um dann plötzlich zu verschwinden und ihn mit einem Weibsbild allein zu lassen; wie aus dem Weibsbild bald ein wildes Tier wurde, und aus dem wilden Tier eine Katze, und aus der Katze eine Schlange ... Gib gut acht, Tewje, sag' ich zu mir selbst, daß man dich da nicht übers Ohr haut!

„Was macht Ihr Euch dort zu schaffen und was brummt Ihr?" fragt man mich plötzlich.

„Was ich mir zu schaffen mache?" antworte ich. „O, warum lebe ich noch? So ein Verlust! Mein Pferd ..."

„Euer Pferd ist im Stall", sagen sie. „Bemüht Euch in den Stall!"

Ich komme in den Stall. Richtig! Bei meiner Seele! Da steht es wirklich, mein braves Pferdchen, zwischen den noblen Pferden, ist ganz ins Futtern vertieft, kaut soviel Hafer, als es nur kann.

„Hör mal, Freundchen", sag' ich zu ihm. „Jetzt wollen wir wohl nach Hause fahren. Zuviel auf einmal ist ungesund", sag' ich, „ein Bissen mehr kann schon schaden ..."

Schließlich hab' ich's natürlich überzeugt und angespannt. Und ich fahre froh und frisch nach Hause, singe mir ein lustiges „Mejlech eljojn". Auch das Pferdchen ist ein anderes geworden, hat eine neue Haut bekommen, wartet nicht auf die Peitsche, sondern fliegt nur so hin. Es ist schon etwas spät, wie wir nach Hause kommen. Voll Freude weck' ich meine Frau.

„Gut Jontew!" ruf ich ihr zu. „Ich gratuliere!"

„Gratulier dir zum Teufel!" flucht meine Frau.

„Warum bist du denn so feiertägig, mein teurer Brotgeber? Kommst wohl von einer Hochzeit, mein Goldspinner? Was?"

„Hochzeit ist gar nichts", sag' ich. „Nur Geduld, Golde, gleich wirst du einen ganzen Schatz sehen. Aber vorläufig weck' die Kinder auf, damit sie auch was von den Jehupezer Speisen haben –"

„Ja, bist du denn toll, oder hast du den Verstand verloren, oder bist du nicht bei Trost, oder bist du von Sinnen? Du redst ja wie ein Verrückter!" schilt meine Frau nach Weiberart.

„Weib bleibt Weib", sag' ich. „Nicht ohne Grund sagt König Salomo, daß er unter tausend Frauen nicht eine rechte gefunden hat: ein wahres Glück, bei meinem Leben, daß es heutzutage nicht mehr Mode ist, mehrere Frauen zu haben."

So sage ich, gehe zum Wagen hinaus, bringe alle guten Sachen, die man mir eingepackt hat, herein und lege sie auf den Tisch. Die Meinigen aber haben kaum die Semmeln gesehen, das Fleisch gerochen – und schon sind sie wie die Wölfe darüber her, greifen mit zitternden Händen danach, die Mäuler arbeiten. Mir kommen die Tränen in die Augen.

„So sag' doch schon", fragt meine Alte, „bei wem war denn Armenmahl oder sonst ein Gastmahl, und warum bist du denn so protzig?"

„Nur Geduld, Golde", sag' ich. „Du wirst alles erfahren. Blas nur erst das Feuer im Samowar wieder an, dann werden wir uns alle um den Tisch herumsetzen und Tee trinken, wie sich's gehört. Der

Mensch“, sag’ ich, „lebt nur einmal, nicht zweimal, und besonders, da wir jetzt schon unsere eigene Kuh haben, mit vierundzwanzig Glas am Tag – morgen, so Gott will, bring ich sie. Na, und jetzt, Golde“, sag’ ich bald darauf, indem ich die Scheine hervorhole, „zeig’ was du kannst und rate, wieviel Geld wir da haben?“

Meine Frau wird bleich wie Wachs und kann kein Wort herausbringen.

„Aber Golde, mein Herz“, ruf’ ich, „warum bist du so erschrocken? Hast vielleicht Angst,“ sag’ ich, „daß ich’s gestohlen oder geraubt habe? Pfui, schäm’ dich!“ sage ich. „Bist schon so lange Tewjes Frau und kannst noch so was von mir denken! Aber Närrchen“, sag’ ich, „es ist ehrliches Geld und mit meiner eigenen Arbeit habe ich’s ehrlich verdient. Ich hab’ zwei Menschen aus großer Gefahr gerettet“, sag’ ich, „Gott weiß, was sonst mit ihnen geschehen wäre ...!“

Kurz, ich erzähle ihr die ganze Geschichte, von A bis Z, wie Gott das gefügt hat, und dann fangen wir beide an, das Geld zu zählen, einmal und noch einmal: siebenunddreißig Rubel waren’s! ... Sie fängt zu weinen an.

„Warum weinst du“, sag’ ich, „du dummes Weibsbild?“

„Wie soll ich nicht weinen“, sagt sie, wenn sich’s von selber weint? Wem das Herz voll ist“, sagt sie, „gehen die Augen über. So helfe mir Gott, wie mir mein Herz gesagt hat, daß du mit einer guten Nachricht kommen wirst. Schon lange hab’ ich von der Großmutter Zeitel nicht geträumt. Und gerade heute: ich lieg' und schlafe, da seh' ich plötzlich die Großmutter Zeitel, Gott hab' sie selig, und sie trägt einen Melkkübel, voll bis zum Rande, unter der Schürze, damit kein „böses Auge" herankommt, und die Kinder schreien: „Mutter!"

„Na, freu' dich nicht zu früh, Seelchen. Die Großmutter Zeitel hat ja wahrscheinlich alle Seligkeit im Himmel, aber ich weiß noch nicht, ob sie uns da nützen wird. Freilich", sag' ich, „wenn Gott so ein Wunder tun konnte, daß wir eine Kuh kriegen, wird er wahrscheinlich auch noch dafür sorgen, daß die Kuh eine richtige Kuh ist ... Doch gib lieber einen guten Rat, Golde, Herzchen, was man mit dem Geld anfängt?"

„Ja, ja, wirklich, was denkst du mit dem vielen Geld, unberufen, zu tun, Tewje?"

„Sag' du, was glaubst du, daß wir mit so einem Kapital, unberufen, machen sollen?"

Und die ganze Nacht haben wir damals darüber nachgedacht, hin und her erwogen; was Ihr nur wollt, haben wir in jener Nacht unternommen: Pferde gekauft und mit Verdienst verkauft; einen Kramladen in Bojberik eröffnet, die Waren ausverkauft und gleich darauf einen Schnittwarenladen eröffnet: ein Stück Wald eingehandelt und mit gutem Nutzen wieder weiterverkauft; die Anatewker Fleischpacht überboten; Geld auf Zinsen verliehen ...

„Bist wohl verrückt?" ruft meine Frau. „Willst die paar Groschen vertun und dann mit deiner Weisheit dastehen?"

„Was denn?" sag' ich. „Mit Getreide handeln

und dann Bankrott machen – das ist schöner? Zu wenig Leute, die heute am Weizen zu Grunde gehen? Geh' und hör' mal, was in Odessa vorgeht."

„Was geht mich Odessa an? Meine Ureltern waren nicht dort, und meine Kinder werden nicht dort sein, so lang ich nur lebe und auf den Füßen bin."

„Also, was willst du –?" sage ich.

„Was ich will?" sagt sie. „Ich will, daß du kein Narr bist und keine Dummheiten machst."

„Na ja", sag' ich, „jetzt hast du leicht, klug zu sein. Wie sagt man doch: wird gut die Zeit, so wird man gescheit. Und: wenn man vielleicht reich ist, so hat man bestimmt Verstand. Es ist immer so!"

Kurz, wir haben uns einige Male gezankt und uns bald wieder versöhnt und kamen endlich zu dem Beschlusse, zu der Kuh noch eine zweite Kuh dazuzukaufen, die Milch gibt ...

Nun fragt Ihr aber vielleicht: „Warum gerade eine Kuh und nicht ein Pferd?" Da will ich Euch gleich antworten: Warum gerade ein Pferd und nicht eine Kuh? Bojberik ist doch ein Ort, wohin im Sommer alle Jehupezer reichen Leute kommen, und da die Jehupezer alle sehr vornehme Leute sind, die es so gewöhnt sind, daß man ihnen alles sozusagen schon in den Mund hineinbringt: Holz und Fleisch und Eier, Hühner, Zwiebel, Pfeffer, Petersilie – warum sich da nicht einer finden, der es unternimmt, ihnen Käse und Butter und Rahm und dergleichen zu liefern? Da sie aufs Essen viel halten und mit dem Geld nur so herumschmeißen, kann man bei ihnen viel Geld einnehmen und dabei auch gut verdienen. Nur muß die Ware auch wirklich

Ware sein, und so eine Ware wie bei mir bekommt Ihr ja selbst in Jehupez nicht. Ich wünschte, ich hätte zusammen mit Euch so viel Glück, wie oft mich sehr große Leute, Christen, bitten, daß ich ihnen frische Ware bringe: „Wir haben gehört, Tewje", sagen sie, „daß du ein anständiger Mensch bist, trotzdem du ein schäbiger Jud bist?" ... Von Juden kriegt Ihr nie so ein Kompliment! Nie ein freundliches Wort! Sie verstehen nur, dem andern in den Topf zu gucken. Kaum hatten sie bei Tewje eine zweite Kuh gesehen und einen neuen Wagen, fingen sie schon an, sich die Köpfe zu zerbrechen. Woher und wovon? Ob denn dieser Tewje nicht vielleicht mit falschem Gelde handelt oder im geheimen Spiritus fabriziert? ... Ha, ha, ha! Zerbrecht euch, denk' ich mir, eure Köpfe und bleibt gesund! ... Ich weiß nicht, ob Ihr mir alles glauben werdet – Ihr seid beinahe der erste, dem ich die ganze Geschichte haarklein erzählte: wie und was und wann ... Aber mir scheint, ich hab' mich ein bißchen verplauscht, nehmt mir's nicht übel, jetzt muß man wieder ans Geschäft denken: Ihr an Eure Bücher, und ich an meine Töpfe und Krüge ... Nur eins will ich Euch bitten, lieber Herr: Ihr sollt mich in keines Eurer Bücher hineinbringen; tut Ihr's aber doch, so sollt Ihr wenigstens meinen Namen nicht nennen. Adieu! Lebt wohl!"

Der Topf

Rebbe, ich will Euch eine Schaile fragen; eine Schaile fragen will ich Euch. Ich weiß nicht, ob Ihr mich kennt oder nicht. Ich bin Jente, Jente die Geflügelhändlerin. Ich verkaufe Eier, Hühner, Gänse, Enten, das alles verkaufe ich. Ich habe meine ständige Kundschaft, die hab' ich; zwei, drei Häuser, von denen lebe ich, Gott lohn' es ihnen! Denn wenn ich auch noch Geld auf Prozente aufnehmen müßte, dann wäre ich ja ganz geliefert. So aber krieg' ich einmal da, einmal dort einen Dreier, geb' ihn wieder weg, krieg' ihn wieder 'rein – so geht es hin und her, hin und her, na, und so lebt man. Freilich, das könnt Ihr Euch denken, wenn mir mein Mann noch lebte, Gott hab' ihn selig, ja dann, – ei, ei, ei! ... Obwohl ich doch im Grunde genommen damals auch nicht im Fette schwamm, denn Geld zu verdienen, das verstand er nicht – er soll mir's nicht übel nehmen –, sondern saß nur immer über den heiligen Büchern und studierte, abrackern aber mußte ich mich, und mich abzurackern bin ich gewohnt. Schon als Kind hab' ich mich abgerackert, als ich noch bei meiner Mutter war, Bassje hieß sie, Bassje, die Lichtzieherin! Eine Lichtzieherin war sie, kaufte den Fleischern den Unschlitt ab und zog Lichte, Unschlittlichte. Von Petroleum wußte man damals noch nichts, auch nichts von Lampen mit Zylindern, die jeden Augenblick springen, erst vorige Woche sprang mir einer und vor zwei Wochen auch ...

Ja, wieso komm' ich denn nur darauf? Ja, weil Ihr von jung gestorben sprecht. Als mein Mojsche-Benzijen starb, war er im ganzen sechsundzwanzig Jahre alt. Warum sag' ich sechsundzwanzig? Nun: neunzehn war er, als wir heirateten, acht Jahre sind's, daß er gestorben ist, neunzehn und acht macht soviel wie dreiundzwanzig. Wie komme ich denn nun aber zu sechsundzwanzig? Ja, weil ich die sieben Jahre vergaß, die er krank war, das heißt, krank war er eigentlich viel länger, er war von jeher krank, das heißt, er war im übrigen ganz gesund, bloß der Husten, der hat ihn umgebracht. Immer hat er gehustet, das heißt, nicht immer, aber jedesmal, wenn es ihn packte, hörte er nicht mehr auf, sondern hustete, hustete und hustete ... Die Doktoren sagten, es sei das so ein Krampf: wenn man husten wolle, huste man, wolle man nicht, so huste man nicht. Unsinn! Wissen ja selber nicht, was sie reden, die Doktoren! ... Da habt Ihr z. B. den Jungen Reb Ahrens, des Schächters, Jockel heißt er. Dem tat ein Zahn weh, ein Zahn tat ihm weh, und man wendete alles an, gestochen wurde und besprochen, aber nichts half. Nun steckte er Knoblauch ins Ohr – man sagt, Knoblauch sei ein gutes Mittel gegen Zahnweh –, aber es wurde noch schlimmer, einfach um auf die Wände zu klettern. Da rief man den Doktor – vom Knoblauch sagte man ihm nichts –, und der Doktor hatte nichts Gescheiteres zu tun, der dumme Kerl, als dem Jungen den Puls zu fühlen. Puls fühlen – wozu? Schließlich brachte man Jockel nach Jehupez – zu seinem Glück, sonst wäre er heute schon dort, wo seine

Schwester Perel ist, die im Kindbett durch ein böses Auge zugrunde gegangen ist ...

Ja, wieso komme ich denn nur darauf? Ja, weil Ihr von Verwitwen spracht. Als ich Witwe wurde, war ich noch ganz jung, hatte ein kleines Kind und ein halbes Haus auf den „Kabzònewkes", gleich neben Lejser dem Tischler, wißt Ihr, nicht weit vom Bad. Ihr werdet wohl fragen, warum gerade nur ein halbes Haus? Nun, weil die andere Hälfte nicht mir gehört, sondern meinem Schwager, Asriel heißt er, Ihr kennt ihn, er ist ein Wassilkauter, aus Wassilkaut – einem Städtchen, das so heißt –, und verkauft Fische und verdient unberufen ganz schönes Geld, nur kommt's dabei auf den Fluß an: wenn's draußen still ist, fängt man Fische, und wenn man Fische fängt, sind sie billig, ist's aber draußen windig, fängt man keine Fische, und sie werden teuer; natürlich ist es besser, wenn man sie fängt, und sie billig sind ... So sagt er, der Asriel, und ich frag' ihn: „Woher kommt das?" Da sagt er: „Das ist ganz einfach: wenn's draußen still ist, fängt man Fische, und wenn man Fische fängt, sind sie billig; wenn's aber draußen windig ist, fängt man keine Fische, und sie werden teuer; natürlich aber ist's besser, wenn man sie fängt und sie billig sind ...". Darauf sag' ich: „Ja, aber woher kommt das?" Da sagt er: „Das ist ganz einfach: wenn's draußen still ist, fängt man Fische, und wenn man Fische fängt, sind sie billig ..." „Daß dich ... Klotzkopf!" ruf' ich und spucke aus.

„Ja, wieso komm' ich denn nur darauf? Ja, weil Ihr von einer eigenen Wohnung sprecht. Gewiß ist es besser einen eigenen Winkel zu haben, als mit anderen zusammen zu wohnen – wie sagt Ihr doch: was mein ist, ist mein! Also ich hab' mein halbes Haus, ein Stück eigenen Grund, daß ich mich nicht versündige! Aber ich bitt' Euch, sagt selbst, wozu braucht eine Witwe, eine armselige Witwe, mit einem einzigen Kind ein ganzes halbes Haus? Überall Platz genug, um sich irgendwo hinzulegen. Und besonders, wenn man es decken muß, das Dach – man hat das schon viele Jahre nicht getan –, dann quält er mich, mein teurer Schwager, Asriel mein' ich, daß ich es decken lassen soll. „Schon Zeit", meint er, „es decken zu lassen!" „Nun", sag' ich, „warum deckt man es nicht?" Darauf sagt er: „So decken wir es!" Und ich sage auch: „So decken wir es!" ... Decken, decken, decken, und dabei bleibt es. Denn zum Decken braucht man Stroh, von Schindeln kann ja keine Rede sein, wo nehme ich Geld für Schindeln? Ich vermiete also zwei Zimmer, zwei Zimmer vermiete ich. In einem Zimmer wohnt Chajim Chone, der Taube, ein alter Mann, schon ganz hinfällig, seine Kinder zahlen mir einen Rubel wöchentlich Miete für ihn und jeden zweiten Tag ißt er bei ihnen, das heißt: einen Tag ißt er und einen Tag fastet er, und an den Eßtagen ißt er auch nichts, so sagt wenigstens er, Chajim Chone, der Taube, vielleicht ist's auch Schwindel, alte Leute brummen gern, was man ihnen gibt, ist ihnen zu wenig, wo man sie hinsetzt, gefällt's ihnen nicht, und wo man sie hinlegt, ist's ihnen hart ...

Ja, wieso komm' ich denn nur darauf? Ja, weil Ihr von Mietern sprecht. O, kein rechtschaffener

Mensch soll mit ihnen zu tun haben! Der Taube ist wenigstens taub, still – wie sagt Ihr doch: man hört ihn nicht und sieht ihn nicht. Da hat mich aber der Teufel geritten, das andere Zimmer an eine Frau zu vermieten, Gnessje heißt sie und hat einen Mehlladen. Ein feines Weibstück das! Anfangs, da hättet Ihr sehen sollen, wie weich und süß sie war, wie ein Honigkuchen: Seelchen, Herzchen, ... und dies und das wird sie mir ... Und was habe sie denn im Grunde nötig, die Arme? Ein Stückchen vom Herd, um den Topf daraufzustellen, ein Rändchen von der Bank, um einmal in der Woche das Stückchen Fleisch darauf einzusalzen, und ein Streifchen vom Tisch, um einmal in fünfzig Jahren einen Nudelteig darauf auszurollen ... „Aber die Kinder", frag' ich sie, „wo werdet Ihr die hintun? Ihr habt doch kleine Kinder, kleine Kinder habt Ihr doch, Gott erhalt' sie Euch gesund!" „Ach was", sagt sie, „was redet Ihr da, liebe Jente? Ihr wißt wohl nicht, was für Kinder das sind. Brillanten von Kindern sind es. Im Sommer sind sie den ganzen Tag auf der Straße, und im Winter hocken sie alle auf dem Herd wie die Schäfchen und geben kein Lautchen von sich. Nur einen Fehler haben sie: daß sie unberufen viel brauchen, gern kauen und knabbern" ... So ließ ich mich bereden und hab' mir was Schönes eingewirtschaftet: feine Kinder! Kein Stück Brot kann man essen, wenn sie dabei sind. Und Tag und Nacht ein Heidenlärm, schreien und quitschen, hauen und prügeln einander. Eine Hölle! Was sag' ich, ‚Hölle'? Die Hölle ist ein Paradies dagegen. Und glaubt nicht, daß Ihr schon fertig seid: das alles wäre ja noch halbwegs zu ertragen, denn ein Kind kann man ja doch beruhigen, man pufft es, man ohrfeigt es, man kneift es, am Ende ist's ja doch ein Kind! Da hat ihr aber Gott noch einen Mann gegeben, Ojser heißt er, er ist Unterschammes in der unteren Klaus, ein frommer, braver Mensch und, wie es scheint, gar nicht so sehr dumm, aber Ihr solltet hören, wie sie, Gnessje nämlich, ihn quält: Ojser hin und Ojser her! Ojser dies und Ojser jenes! Ojser, Ojser, Ojser, Ojser! ... Und er sagt höchstens ein Sprüchlein dazu (zu allem Unglück bringt er noch gern Sprüchlein an) oder rückt einfach die Mütze tiefer und geht fort ...

Ja, wieso komme ich denn nur darauf? Ja, weil Ihr von schlechten Mietern sprecht. Ein ‚schlecht' ist nicht wie das andere! Möge mir's der Herrgott nicht als üble Nachrede anrechnen, ich habe ihr eigentlich auch nichts Schlimmes nachzusagen, was habe ich auch gegen sie? Bettlern gibt sie ganz gern ein Stück Brot. Aber – weiß der Himmel, wie das zugeht – wenn sie melancholisch wird, dann möge einen Gott vor ihr behüten! Ich schäme mich's zu erzählen und einem andern würd' ich's gewiß nicht sagen, doch bei Euch weiß ich, wird's ein Geheimnis bleiben ... Ssss ... Sie ohrfeigt ihn ... den Mann nämlich ... wenn's niemand sieht ... „Ach, Gnessje", sag' ich zu ihr, „Gnessje, Gnessje! Habt Ihr denn keine Furcht vor Gott? Vor Gott keine Furcht?" Darauf sagt sie: „Was kümmert's Euch?" Und ich sage: „Hol Euch der Henker!" Darauf sie: „Hol der Henker den, der dem andern in die Töpfe guckt." Natürlich sag' ich dann: „Wer nichts Besseres gesehen hat, mag blind werden!" Und sie antwortet: „Wer zuhört, mag taub werden!" Was sagt Ihr zu so einem Schandmaul? ...

Ja, wieso komm' ich denn nur darauf? Ja, weil Ihr sagt, daß ich's gern rein habe. Warum soll ich's auch leugnen? Ich seh's wirklich gern, daß es in jedem Winkelchen rein ist. Gebührt mir da extra Strafe dafür? Sie kann's wohl nicht leiden, die Gnessje, daß es bei mir rein und schön und sauber ist und alles blinkt. Ihr solltet sehen, wie's bei ihr aussieht: eklig und schmierig, man versinkt im Schmutz, der Kübel voll, nur zum Überlaufen, pfui! ... Frühmorgens ist's einfach nicht auszuhalten. Sind denn das Kinder? Nein, Unholde sind's. Mein Dowidel, Gott erhalt' ihn mir gesund, ist doch den ganzen Tag im Chejder, und wenn er abends nach Hause kommt, ist er gleich bei der Arbeit: betet oder lernt oder schaut sonst in ein Buch hinein. Ihre Kinder aber, Gott straf' mich nicht, das frißt oder weint oder schlägt sich Löcher in den Kopf ... Nun, sag selbst, kann ich was dafür, daß Gott sie mit solch einer niederträchtigen Bande gesegnet hat, mir aber ein solches Geschenk machte? Ein Stück Gold, einen Brillanten – gebe nur Gott, daß mir mein Glück nicht gestört werde, es kostet mich doch schon genug Tränen, genug Tränen kostet's mich! Ihr sollt nicht darauf achten, daß ich ein Frauenzimmer bin. Ein Mann an meiner Stelle würde das alles gewiß nicht aushalten! Es gibt Mannsbilder, ich will Euch nicht nahetreten, die tausendmal schlimmer sind als die Frauenzimmer! Wenn sie nur etwas drückt, wissen sie gleich nicht ein, nicht aus ... Wollt Ihr Beweise? Nehmt zum Beispiel Jossi Mojsche Awrom: Solange seine Frumme Neche lebte, hielt er sich, sowie sie aber starb, war's aus mit ihm, verlor er den Mut und den Kopf. „Aber Reb Jossi", sag' ich zu ihm, „wer wird denn so sein? Und wenn einem schon die Frau stirbt, was kann man tun? Wenn's Gott so gewollt hat! ‚Gott hat genommen, Gott hat gegeben' oder wie heißt es dort bei uns in den heiligen Büchern? Euch braucht man's doch nicht erst zu sagen. Ihr wißt es wohl besser –"

Ja, wieso komm' ich denn nur darauf? Ja, weil Ihr von einem einzigen Sohn sprecht. Er ist mein Einziger, Dowidel heißt er, kennt Ihr ihn nicht? Er heißt nach meinem Schwiegervater Dowid Hersch, nach ihm heißt er, Ihr solltet ihn sehen: Ganz der Vater, nur gab ihm Gott längeres Leben, ja ganz Mojsche Benzijen, sogar derselbe Wuchs und das Gesicht ebenso wie bei meinem Seligen: gelb, dürr, Haut und Knochen, und schwach ist er, schwach, vom Chejder, von der Gemore abgeplagt ... „Schon genug, mein Kind", sag' ich, „ruh' dich ein bißchen aus, sieh doch, wie du ausschaust, nimm etwas zu dir," sag' ich, „iß etwas, trink etwas, da, nimm ein Glas Zichorie, nimm!" ...

„Trink lieber selbst, Mutter", sagt er, „du arbeitest ja" sagt er, „über deine Kräfte. Ich möchte dir doch den Korb vom Markt tragen helfen!" „Was redest du da?" sag' ich. „Du weißt, scheint's, nicht, was du redest. Was soll das heißen: du wirst Körbe tragen? Das werden meine Feinde nicht erleben, ich hab' genug Feinde. Du hast", sag' ich, „nur zu lernen, zu sitzen und zu lernen!" Und ich seh' ihn an, meinen Dowidel: ganz mein Seliger. Selbst husten tut er ebenso, oh, ich Unglückliche! Jedesmal, wenn er hustet, reißt's mir ein Stück Herz mit. Denn was habe ich durchgemacht, bis ich ihn soweit gebracht habe! Im Grunde, müßt Ihr wissen, hat ja niemand geglaubt, daß das Kind leben bleiben wird, denn was für Krankheiten es nur geben mag, alle hat er gehabt. Was Ihr nur wollt: Masern und Pocken und Diphteritis und Scharlach und was denn eigentlich nicht? Die Nächte, die ich an seinem Bette saß, möge mir Gott nicht mitzählen. Und nur meinen Tränen und natürlich auch dem Ss'chuss Owess hab' ich es offenbar zu verdanken, daß ich ihn endlich bis zur Barmizwe brachte. Und glaubt Ihr etwa, daß damit das Unglück ein Ende nahm? So hört, was einem passieren kann: mußte er gerade einmal am Abend, es war im Winter, als er aus dem Chejder ging, einem Manne begegnen, der ganz in Weiß gekleidet war und mit den Händen klatschte. Darüber erschrak er natürlich zu Tode, fiel ohnmächtig in den Schnee, und man brachte ihn mir fast tot nach Hause, fast tot brachte man ihn. Lange dauerte es, bis er wieder zu sich kam. Und dann erst legte er sich hin und lag nicht mehr und nicht weniger als sechs Wochen in einer Höllenhitze. Es ist wirklich ein Wunder des Himmels, wie ich diese Zeit überstand. Was habe ich damals nicht alles angewandt! Gelübde getan, ihn verkauft und wieder ausgelöst, ihm noch einen Namen gegeben: Chajim Dowid Hersch. Na, und geweint habe ich, ohne Unterlaß. „Lieber Gott", hab' ich zu Gott gesagt, „willst du mich strafen? Gut, straf' mich, womit du willst. Nur mein Kind nimm mir nicht, mein Kind nicht!" ... Und als Gott mir das Geschenk machte und der Junge gesund wurde, sagt er, der Junge: „Weißt du, Mutter? Ich kann dir einen Gruß vom Vater überbringen. Der Vater war bei mir zu Besuch." Es hat nicht viel gefehlt, wär' ich bei diesen Worten gestorben. Tjoch, tjoch, tjoch – pumperte mir das Herz! ... „Möge er nur für dich fürsprechen", sage ich. „Ein Zeichen, daß du, so Gott will, lang leben und gesund sein wirst." So sag' ich, und das Herz pumpert mir: tjoch, tjoch, tjoch! ... Erst einige Zeit später erfuhr ich, wer das gewesen war, der Weiße, der mit den Händen geklatscht hatte. Wißt Ihr, wer es war? Na, ratet, Rebbe, Ihr seid doch klug! Reb Lippe war's, Lippe, der Wasserträger. Er hatte sich an jenem Tage – versteht Ihr mich? – einen neuen weißen Pelz gekauft, und weil es damals strengen Frost gab, hatte er sich ein bißchen erwärmen wollen und deshalb mit den Händen geklatscht. Habt Ihr schon so etwas gehört? Geht so ein Mensch – meine Leiden über ihn!– und zieht sich so mittendrin einen weißen Pelz an! ...

Ja, wieso komme ich denn nur darauf? Ja, weil Ihr von Gesundheit sprecht. Gesundheit – das ist die Hauptsache. So sagt unser Doktor und heißt mich, ihn pflegen. Suppen soll ich ihm kochen, jeden Tag eine Suppe, sagt er, wenigstens von einem Viertel Huhn, wenn ich's durchführen kann, und viel Milch und Butter und Schokolade soll ich ihm geben. Wenn ich's durchführen kann ... Als ob's auf der Welt etwas gäbe, das ich um Dowidels willen nicht durchführen könnte! Und wenn man mir zum Beispiel und Exempel sagen wollte: geh, Jente, grab Erde, hack Holz, trag Wasser, knet Lehm, raub eine Kirche aus um Dowidels willen – ich würde mich nicht besinnen und selbst mitten in der Nacht beim größten Frost. So hat er diesen Sommer irgendwelche Bücher haben wollen, und da ich in die größten Häuser komme, bat er mich, ich möchte anfragen, vielleicht könnte ich sie ihm dort verschaffen, und er hat sie mir auf ein Papier aufgeschrieben. Wie ich dann mit dem Zettel in meine Häuser komme und ihn dort zeige und um die Bücher bitte, einmal, zum zweiten und zum dritten Mal, lacht man mich aus: „Wozu braucht Ihr solche Bücher, Jente? Füttert Ihr die Hühner, Gänse und Enten damit?" ... Lacht nur, lacht nur, denk' ich mir, wenn nur mein Dowidel etwas zum Lesen kriegt – Ganze, ganze Nächte sitzt er über diesen Büchern, und dann bittet er mich, ich soll ihm noch mehr bringen. Natürlich spare ich's ihm nicht ab: ich trage die ausgelesenen zurück und hole neue. Und da kommt so ein Doktorkopf und fragt mich, ob ich's durchführen kann, Dowidel jeden Tag eine Suppe von wenigstens einem Viertel Huhn zu geben? Und von drei Vierteln nicht, wenn's nötig wäre? Ich werd' wohl erst um Erlaubnis fragen! Woher kommen solche Doktoren, frag' ich Euch? Wo wachsen sie? Mit welcher Hefe, in was für einem Ofen backt man sie? ...

Ja, wieso komme ich denn nur darauf? Ja, weil Ihr von Suppen sprecht. Jeden Tag koch' ich ihm also eine Suppe von einem Viertel Huhn, und wenn er abends vom Lernen kommt, ißt er sie, und ich setz' mich mit einer Arbeit hin, ihm gegenüber und freue mich und bitte Gott, daß er mir helfe, ihm morgen wieder eine Suppe von einem Viertel Huhn zu kochen ... Mutter", sagt er zu mir, „warum ißt du nicht mit?" „Iß du nur und wohl bekomm's!" sag' ich, „ich bin schon nach dem Essen." „Was hast du gegessen?" fragt er. „Was ich gegessen habe, hab' ich gegessen", sage ich, „genug, daß ich gegessen hab'. Iß du nur und wohl bekomm's!" Und erst wenn er über den Büchern ist, nehme ich aus dem Ofen ein paar gebackene Kartoffeln heraus, oder ich reib' mir eine Zwiebel auf ein Stückchen Brot, eine Zwiebel reib' ich mir, und mach' mir eine Mahlzeit daraus ... und ich schwöre Euch wahrhaftig, so möge ich erleben, ihn glücklich zu sehen, daß mir diese Zwiebel besser schmeckt als der schönste Braten, als die beste Suppe, denn ich erinnere mich, daß Dowidel unberufen eine Suppe von einem Viertel Huhn gegessen hat, und daß morgen, so Gott will, wieder eine Suppe von einem Viertel Huhn da sein wird! Nur das ist leider nicht gut, daß er immerfort hustet: kchi, kchi! kchi, kchi! ... Ich bitte den Doktor, ich bitte ihn, er solle ihm etwas gegen den Husten geben. Da fragt er mich, wie alt mein Mann war – Mojsche Benzijen, Gott hab' ihn selig –, als er starb, und woran er starb? „Am Tod", sag' ich, „ist er gestorben, am Tod. Seine Jahre sind ihm zu Ende gegangen", sag' ich, „da hat er sterben müssen ... Warum fragt Ihr das? Wie gehört das hierher?" „Ich muß das wissen", sagt er, „ich hab' mir Euern Sohn angesehen:

ein braves, wohlgeratenes Kind ..." „Ich dank' Euch sehr", sag' ich, „das weiß ich selbst auch. Gebt mir lieber ein Mittel gegen den Husten; gebt mir was, daß er mir zu husten aufhört!" „Das kann man nicht", sagt er, „Ihr müßt nur darauf sehen", sagt er, „daß er weniger lernt." „Was denn", sag' ich, „soll er tun?" „Viel essen soll er", sagt er, „und jeden Tag spazieren gehen. Die Hauptsache aber: bei Nacht nicht über den Büchern sitzen. Wenn's ihm beschieden ist", sagt er, „einmal ein Doktor zu sein, dann verliert er nichts, wenn er's ein paar Jahre später wird." ... Was der zusammenschwätzt, denk' ich mir. Scheint toll zu sein. Was soll das heißen: mein Dowidel ein Doktor!? Warum nicht gar gleich Gouverneur? Wie? Wie ich nach Hause komme und das meinem Dowidel erzähle, wird er feuerrot und meint: „Weißt du was, Mutter? Geh' nicht mehr zum Doktor und red' nicht mehr mit ihm!" „Du hast Recht", sag' ich. „Ich werde ihn nicht einmal mehr ansehen! Ich sehe ja, daß er nicht bei Trost ist ..." Es ist aber auch komisch: ein Doktor soll die sonderbare Gewohnheit haben, den Patienten auszufragen, wovon er lebt, wie er lebt? ... Was geht das dich an? Man schenkt dir einen halben Rubel: nimm ihn und verschreib' dein Rezept und basta! ...

Ja, wieso komm' ich denn nur darauf? Ja, weil Ihr sagt, daß man immer beschäftigt ist. Gewiß ist man immer beschäftigt und verhetzt, wenn man einen Korb mit Eiern, Hühnern, Gänsen und Enten und einige Damen auf sich hat, deren jede zuerst daran kommen will, weil sie fürchtet, die andere könnte ihr die besten Eier und die schönsten Hühner vor der Nase wegnehmen ... Wann hab' ich Zeit, sagt selbst, Suppe zu kochen, wenn ich nie zu Hause bin? Aber, wie sagt Ihr doch, ein Lamden weiß sich zu helfen! Ganz früh am Morgen, bevor ich zum Markt laufe, heize ich den Ofen, den Ofen heize ich. Später komme ich auf eine Minute gerannt, salze das Huhn und gehe wieder zur Arbeit. Ich komm' dann wieder gerannt und begieße das Fleisch, das Fleisch begieße ich, und stelle den Topf hin, den Topf stelle ich hin, und bitte sie, meine Mieterin, die Gnessje, auf den Topf acht zu geben – das heißt, wenn das Wasser zu sieden beginnt, soll sie den Topf zudecken und das Feuer mit Asche verscharren. Gewiß keine große Arbeit, und wie oft kommt es vor, daß ich ihr das ganze Abendbrot koche! Wir sind doch Juden, man ist doch unter Menschen, nicht im Walde! ... Und dann abends, wenn ich von der Arbeit komme, blase ich erst das Feuer an, mach' den Topf warm, und er hat wieder eine frische Suppe zu essen ... Soweit wäre also, scheint es, alles gut, nicht wahr? Da ist doch aber meine Mieterin, mit Verlaub, eine große ... na, ich will nicht sagen, was ... und stellt sich heute morgen hin, für ihre Kinder ein milchiges Frühstück zu kochen: Flinschen mit Milch. Und warum das so plötzlich auf einmal? Weiß der Teufel, warum! Ein merkwürdiges Frauenzimmer, diese Gnessje. Entweder hui oder pfui! Drei Tage können vergehen, ohne daß sie ein Feuer anmacht, dann plötzlich kommt es über sie, und sie mischt eine Brühe zusammen, eine bessere Brühe, sozusagen eine Hirsesuppe, in der man mit der Brille nach einem Korn suchen muß, oder sie kocht Fischkartoffeln, einen ganzen Topf voll, und die Zwiebeln riechen auf eine Meile, und es ist soviel Pfeffer drin, daß sie dann alle volle vierundzwanzig Stunden nicht aus dem Niesen kommen: hatschi, hatschi! ...

Ja, wieso komme ich denn nur darauf? Ja, weil Ihr von Unglück sprecht. Da hat aber meine Mieterin einen Einfall: Sie will Flinschen machen und stellt einen Topf Milch auf den Ofen; die Kinder werden verrückt vor Freude, du mein lieber Gott! Als ob sie noch niemals Milch gesehen hätten. Ihr könnt Euch ja vorstellen, wieviel Milch das war, unsere Feinde sollen nicht mehr haben! Vielleicht zwei Löffel, der Rest Wasser. – Aber für solche Hungerleider ist das doch auch schon was –! Inzwischen aber kommt zum Unglück Ojser nach Hause. Er muß noch in der Klaus das feine Frühstück gerochen haben, das daheim gekocht wird, denn er kommt in seiner Art mit einem Witz zur Tür hereingeflogen: „Gut Jontew!" „Hol dich der Teufel an deinem Jontew!" erwidert die Frau seinen Gruß. „Warum so früh?" „Ich hatte Angst, vielleicht komme ich da irgendwie zu spät zum Segen ... Was kochst du da?" „Fieber für dich", sagt sie, „ein kleines Töpfchen." „Warum nicht gleich einen großen Topf, dann würde es schon für uns beide reichen?" „Hol dich der Henker mit deinen Witzen!" sagt sie böse und faßt mit dem Eisen den Topf, der Topf stürzt um, und die Milch fließt – huit! – über den ganzen Ofen aus. Da geht der Spektakel los. Gnessje flucht – zu seinem Glück trollt sich Ojser bald von dannen –, die Kinder sind rasch vom Herd herunter und weinen und schreien, als hätte man ihnen Vater und Mutter erschlagen. „Was gehen mich Eure Flinschen mit Milch an?“ sag’ ich. „Aber ich fürchte, daß mein Topf trejf geworden und meines Dowidel Suppe verloren ist –“ „Hol der Henker Eure Suppe mit dem Topf“, sagt Gnessje, „meine Flinschen sind für mich ebensoviel wert wie alle Eure Töpfe und die Suppen, die Ihr für Euren Jungen kocht.“ „Wißt Ihr was?“ sag’ ich. „Alle zusammen könnt Ihr für den Nagel von meines Dowidels kleinem Finger verrecken!“ ... „Wißt Ihr was?“ sagt sie darauf, „Euer Dowidel kann für uns alle verrecken. Er ist nur einer –“ Nun frag’ ich Euch: Was sagt Ihr zu so einem frechen Weibsbild? War sie nicht wert, daß man ihr mit einem nassen Scheuerlappen über das Gesicht haut? ...

Ja, wieso komm’ ich denn nur darauf? Ja, weil Ihr sagt, daß ‚Milchiges‘ und ‚Fleischiges‘ auf einem Ofen nicht sein dürfen, sonst kommt nichts Gutes dabei heraus. Also hat sich der Milchtopf auf den Kopf gestellt und die Milch – huit! – über den ganzen Ofen. Jetzt hab’ ich Angst, vielleicht ist sie an meinen Suppentopf herangekommen, und dann bin ich verloren, ich bin verloren. Zwar wie kommt eigentlich die Milch an meinen Topf, da ja mein Topf ganz weit, in einem Winkel, in Asche gestanden hat. Doch immer dieselbe Geschichte, ich kann nicht dafür bürgen. Alles ist doch möglich! Mein Pech! Vielleicht ... Ich werde Euch die reine Wahrheit sagen, die reine Wahrheit werd’ ich sagen: Um die Suppe tut mir’s gewiß herzlich leid, denn was wird er jetzt essen, mein Dowidel? Doch mag's schon so sein. Und dann, ich werd' schon was für ihn finden, glaub' ich. Ich habe gestern Gänse vom Schlachten gebracht, um sie zu verkaufen, und da ist mir etwas Gänseklein für den Sabbath zurückgeblieben: Köpfchen, Hälschen, dies und das, kurz, genug, um was daraus zu machen. Aber was fang' ich ohne den Topf an? Ich habe Angst, daß Ihr den Topf als trejf erklärt, und dann bleib' ich doch ohne Topf, und ohne Topf bin ich doch wie ohne Hand, wie ohne Hand bin ich, denn ich habe überhaupt nur einen Topf; das heißt, ich habe eigentlich drei ‚fleischige' Töpfe gehabt, einen hat sich Gnessje, die Verdammte, einmal ausgeliehen, funkelnagelneu hat sie sich ihn ausgeliehen, und zerbrochen hat sie ihn mir zurückgegeben. Ich sag' zu ihr: „Was für ein Topf ist das?" Sie antwortet: „Euer Topf." Ich sag' nun darauf: „Was gebt Ihr mir einen zerbrochenen Topf, da Ihr bei mir einen ganzen Topf genommen habt?" Darauf sie: „Ssss, schreit nicht so! Ihr macht niemanden glücklich. Erstens hab' ich Euch einen ganzen Topf zurückgegeben. Zweitens war der Topf schon zerbrochen, als Ihr ihn mir gabt. Und drittens hab' ich mir nie einen Topf bei Euch geliehen. Ich habe meinen eigenen Topf – und nun laßt mich in Ruhe!"

Ja, wieso komm' ich denn nur darauf? Ja, weil Ihr sagt, daß es Töpfe und andere Wirtschaftssachen nie zu viel geben kann. So bin ich also, wie Ihr seht, bei zwei Töpfen, ganzen Töpfen und einem zerbrochenen, das heißt, bei zwei Töpfen geblieben. Aber wozu brauchen arme Leute zwei Töpfe?

Da traf sich's, als ich einmal vom Markt mit den Hühnern nach Hause kam, daß ein Huhn vor der Katze erschrak. Ihr werdet nun fragen, wie kommt da eine Katze her? Natürlich hat wieder sie schuld und ihre Sprößlinge! Wenn sie irgendwo ein Kätzchen erwischen, quälen sie es so lang, bis es ganz toll wird. „Das ist doch Tierquälerei!" ermahnt sie mein Dowidel. Aber was nützt das bei solchen Schindern, Tagedieben, Faulenzern? ... Kurz, sie banden der Katze etwas an den Schweif, da hat die Katze zu springen begonnen, darüber ist das Huhn erschrocken, flog auf das oberste Brett und – krach! war ein Topf hin. Und meint Ihr vielleicht, daß es der zerbrochene Topf war? Keine Spur! Immer zerbricht ein ganzer Topf, sollt Ihr wissen! So ist es, seit die Welt steht ... Ich möchte gern wissen, warum das ist: Es gehen zum Beispiel zwei Menschen, der eine geht, und der andre geht. Der eine ist ein einziges Kind, die Mutter zittert um ihn, und der andere ist ... Rebbe, teurer! Was ist Euch? Rebbezen! Rebbezen! Wo seid Ihr? ... Kommt! Schnell! Der Row ist nicht ganz wohl! Es ist ihm übel geworden ... Ich glaube, er wird ohnmächtig! ... Wasser! Wasser! ...

Es ist nicht wahr

Ein Gespräch in Galizien

„Ihr fahrt wohl nach Kolomea?"

„Woher wißt Ihr das?"

„Ich hörte zu, wie Ihr mit dem Schaffner spracht. Seid Ihr aus Kolomea oder fahrt Ihr nur hin?"

„Ich bin aus Kolomea. Warum fragt Ihr?"

„Ach nichts. Ich frag' nur so. Eine schöne Stadt, Kolomea, wie?"

„Mein Gott, eine Stadt wie alle Städte in Galizien. Eine nette Stadt, eine ganz nette Stadt ..."

„Ich meine, ob's bei Euch bessere Leute gibt, reiche Leute?"

„Es gibt allerlei bei uns: Reiche und Arme. Natürlich mehr Arme als Reiche."

„Ganz so wie bei uns. Auf einen Reichen tausend Arme ... Bei Euch in Kolomea soll es einen Finkelstein geben, einen reichen Mann?"

„Ja, es gibt so einen. Was ist mit dem? Kennt Ihr ihn?"

„Kennen tu ich ihn nicht, ich hab' nur von ihm gehört. Heißt er nicht Reb Schaje?"

„Gewiß, Reb Schaje, Warum fragt Ihr?"

„Ach nichts. Ich frag' nur so. Ist er wirklich so reich, wie man sagt, dieser Reb Schaje?"

„Was weiß ich? Ich hab' sein Geld nicht gezählt. Warum interessiert Ihr Euch übrigens so für ihn? Es handelt sich wohl um Kredit?"

„Nein, ich frag' nur so. Er hat, sagt man, eine Tochter?"

„Nicht eine, sondern drei. Ihr fragt, also wegen einer Partie? Was hat man Euch gesagt? Wieviel Mitgift gibt er?"

„Auf Mitgift kommt es da nicht an. Versteht Ihr? Ich spreche vom Hause, was für ein Haus das ist."

„Haus? Ein Haus wie alle Häuser. Ein jüdisches Haus, ein feines Haus, ein chassidisches Haus, ein sehr feines Haus. Zwar erzählt man, daß dort in der letzten Zeit die alte Frömmigkeit ... Aber es ist nicht wahr!"

„Was ist nicht wahr?"

„Alles, was man von ihm spricht. Kolomea, müßt Ihr wissen, ist eine Stadt von lauter Lügnern."

„Da wäre es ja gerade interessant zu wissen, was man von Finkelstein und seinem Haus spricht."

„Man sagt, daß es dort nicht mehr so zugeht, wie früher einmal. So pflegte man früher in bezug auf den Pejssach sehr streng zu sein. Und er selbst, Reb Schaje, fuhr sogar zweimal im Jahre zum Rebben. Heute ist das nicht mehr so –"

„Das ist alles?"

„Was wollt Ihr denn noch? Daß er schon ohne Bart und Pejes herumläuft und öffentlich Schweinefleisch ißt?"

„Ihr sagt immer: man sagt. Da meinte ich, weiß Gott, was man sagt. Die Hauptsache ist, ob der Mann ein ordentlicher Mensch ist. Das mein' ich."

„Mein Gott! Ordentlicher Mensch? Ein Mensch wie alle anderen. Ein ordentlicher Mensch. Ich möchte sogar sagen, ein sehr ordentlicher Mensch. Freilich sagt man bei uns, daß er ein wenig – Aber es ist nicht wahr!"

„Was ist nicht wahr?“

„Alles, was man über ihn sagt, ist nicht wahr. Kolomea ist schon so eine Stadt, wo man es liebt, von einander alles Schlechte zu erzählen. Ich will darum nicht wiederholen, was man sagt, das wäre ja schon üble Nachrede.“

„Aber sobald Ihr einmal wißt, daß alles nicht wahr ist, kann's ja gar nicht mehr üble Nachrede sein.“

„Nun, man sagt, daß er ... ein wenig ... ‚dreht‘ ...“

„‚Dreht‘? Welcher Jude ‚dreht‘ nicht? Ihr vielleicht?“

„Ja, aber es kommt doch darauf an, wieviel. Von ihm erzählt man, müßt Ihr wissen, – aber es ist nicht wahr!“

„Was erzählt man eigentlich von ihm?“

„Ich sag' Euch doch, es ist nicht wahr!“

„So will ich die Lüge wissen.“

„Man sagt, daß er schon dreimal die Zahlungen eingestellt hat. Aber es ist nicht wahr. Ich weiß nur von einem Mal.“

„Das ist alles? Wo habt Ihr einen Kaufmann, der nicht schon einmal die Zahlungen eingestellt hat? Stirbt einmal einer, ohne es getan zu haben, so ist das nur ein Beweis, daß er vor der Zeit gestorben ist. Wie? Ist es nicht so?“

„Es kommt doch aber auch darauf an, wie man die Zahlungen einstellt. Er hat's auf eine schlimme Art gemacht: einfach das Geld verschwinden lassen und dann den Gläubigern die Zunge herausgestreckt. Versteht Ihr?“

„Jedenfalls kein Dummkopf, scheint's. Nun, und sonst –?"

„Was wollt Ihr denn noch? Daß er auch Menschen umbringt? Fürs Zuchthaus arbeitet? Zwar erzählt man sich bei uns auch eine sehr wenig schöne Geschichte von ihm ... Aber, die ist nicht wahr!"

„Was für eine Geschichte?"

„Na, mit einem Edelmann. Aber, wer wird was darauf geben?"

„Was ist das für eine Geschichte mit einem Edelmann?"

„Ach, irgendein Edelmann ... und Wechsel ... Was sich Kolomea nicht alles ausdenken kann! Es ist aber nicht wahr! Ich weiß, daß es nicht wahr ist."

„Wenn Ihr wißt, daß es nicht wahr ist, wird's ihm ja nicht schaden."

„Nun, er hat mit einem Edelmann Geschäfte gemacht, sagt man, mit einem sehr reichen Edelmann. Er stand in Ansehen bei ihm, in großem Ansehen. Der Edelmann starb aber, und da rückte er plötzlich mit Wechseln heraus. Darüber war dann die ganze Stadt auf, denn es war bekannt, daß der Edelmann niemals in seinem Leben einen Wechsel unterschrieben hatte. Woher also die Wechsel? Kolomea, müßt Ihr wissen, ist eine Stadt, die acht gibt."

„Und?"

„Nun, da hat er was ausgestanden!"

„Das ist alles? Jeder Jude hat doch was auszustehen. Oder habt Ihr schon einmal einen Juden gesehen, der nichts ausgestanden hätte?"

„Ja, aber er hatte dreierlei auszustehen gehabt."

„Dreierlei? Wieso denn?"

„Na, zuerst wegen der Mühle, sagt man. Aber das ist sicher nicht wahr!"

„Aha, gewiß brannte sie ab, und man verdächtigte ihn, daß er sie versichert und selber angezündet hätte, weil sie alt war, und er eine neue haben wollte?"

„Woher wißt Ihr das so genau?"

„Von Wissen ist keine Rede. Ich vermute nur, daß es sich so verhalten haben muß."

„So wenigstens spricht man bei uns in Kolomea. Aber es ist nicht wahr! Ich kann einen Eid darauf leisten, daß es nicht wahr ist."

„Mich geniert's ja nicht, auch wenn es wahr ist. Doch Ihr spracht von dreierlei!"

„Ich sprach von gar nichts. Die Stadt spricht. Aber das ist schon einfach Verleumdung, pure Verleumdung."

„Eine Verleumdung? Falschmünzerei etwa?"

„Noch schlimmer."

„Was kann noch schlimmer sein?"

„Ach, ich schäm' mich's zu sagen. Was sich Kolomea nicht alles ausdenken kann! Leere Schwätzer, Müßiggänger ... Vielleicht war es auch nur so angestellt, um Geld zu erpressen. Ihr wißt doch: eine kleine Stadt, und jeder Reiche hat Feinde ..."

„So hat er also wohl mit dem Dienstmädchen zu tun gehabt?"

„Woher wißt Ihr denn das? Man hat's Euch wohl schon erzählt?"

„Nichts hat man mir erzählt. Aber es war nicht

schwer zu erraten. Muß ihn übrigens ein schönes Stück Geld gekostet haben – diese Verleumdung."

„Das könnt Ihr Euch denken. Ich wünschte, daß wir beide zusammen jede Woche soviel verdienten – und ich bin Euch sicherlich kein Feind. Dabei war er ganz unschuldig: eine kleine Stadt ... ein reicher Mann ... man beneidet ihn ... einfach, man beneidet ihn ..."

„Leicht möglich. Und seine Kinder? Sind sie ordentlich brav? Ich denke, Ihr spracht von drei Töchtern?"

„Ja, drei. Zwei verheiratet und ein Mädchen. Brave Kinder, sehr brave Kinder. Von der Ältesten sagt man zwar, daß sie ... Aber es ist nicht wahr!"

„Also, was sagt man von ihr?"

„Ich sag' Euch doch, es ist nicht wahr."

„Ich weiß, daß es nicht wahr ist, mich interessiert aber auch die Lüge."

„Ach, wenn Ihr Euch alle Lügen, die bei uns in Kolomea herumgehen, anhören wolltet, würdet Ihr auch in drei Tagen und drei Nächten nicht fertig. Von der Ältesten sagt man, daß sie die eigenen Haare trägt. Ich bin aber Zeuge, daß es nicht wahr ist; sie ist zu wenig gebildet dazu. Was die zweite Tochter betrifft, so hat man einfach erfunden, daß sie noch als Mädchen – Aber was sich Kolomea nicht alles ausdenken kann! Es ist ja nicht wahr!"

„Ich glaube, es verlohnt sich zu hören, was man sich bei Euch nicht alles ausdenken kann."

„Ich hab' Euch doch schon gesagt, daß Kolomea eine Stadt von lauter Lügnern und Klatschmäulern ist. Ihr wißt doch: Wenn in einer kleinen Stadt ein

Mädchen bei finsterer Nacht allein mit einem jungen Mann über die Straße geht, so macht das schon ein großes Aufsehen: Was hat so ein Mädchen bei Nacht in Kolomea, allein mit einem Provisor herumzugehen?"

„Das ist alles?"

„Was wollt Ihr denn noch? Daß sie etwa gar am Jom Kippur mit ihm nach Czernowitz durchgeht? So wie man sich ja auch von der jüngsten einen netten Streich erzählt."

„So? Was denn?"

„Ach, es verlohnt sich nicht, alle die Dummheiten, die bei uns in Kolomea umgehen, nachzuerzählen. Lügen erzähle ich nicht gern."

„Ihr habt jetzt schon so viele Lügen erzählt, erzählt auch die eine noch."

„Hört mal, mein Lieber, ich erzähle Euch nicht meine Lügen, sondern die anderer ... Und überhaupt versteh' ich nicht, warum Ihr mich über jeden einzelnen so viel ausfragt? Wie ein Staatsanwalt! Es scheint, Ihr seid so einer, der es liebt, seinen Nebenmenschen auszuforschen, zu inquirieren, ihm das Eingeweide aus dem Leibe zu ziehen, dagegen aber Angst hat, selber ein Wort aus dem Munde zu lassen ... Nehmt es mir nicht übel, aber ich muß Euch die reine Wahrheit sagen: Ihr scheint mir aus Rußland zu sein, und dort haben die Leute die garstige Eigenschaft, dem andern mit den Stiefeln ins Herz hineintrampeln zu wollen ... Die Russen sind offenbar gehörige Klatschmäuler ... Im übrigen sind wir gleich in Kolomea ... Es ist Zeit, die Sachen zu nehmen! ... Nichts für ungut! ..."

Auf der Wanderung

Die Vertreibung aus dem Paradies

Gott sei Lob und Dank: der Purim aus dem Haus, und man kann – zu guter Stunde! – anfangen, an das Hereinbringen des Pejssach zu denken.

So sprach am Morgen nach Schuschan-Purim die Mutter zu sich selbst, warf prüfende Blicke in alle Ecken des „Saals", ging herum und suchte wie eine Henne, wenn sie ihre Zeit kommen fühlt. Einige Tage später war ein Häufchen Heu zur Stelle und zwei Holzscheite und auf den Holzscheiten ein funkelnagelneuer Kübel, der mit grobem, aber weißem, reinem Linnen überdeckt war. Der Vater und ich wurden herangerufen, und ich besonders wurde wohl an die dreißig Mal gewarnt, daß ich es nicht wagen solle, mich „jener Ecke" zu nähern, ja nicht einmal von weitem hinzuschauen, nicht einmal hinzuriechen. Dann wurden wir einfach vor die Tür gesetzt und erhielten den bestimmten Auftrag, den „Saal" bis Pejssach überhaupt nicht zu betreten.

Aber von diesem Augenblick an bekam der Saal für mich einen ganz besonderen Reiz, wie ein Magnet zog er mich an. Ich mußte – sei es auch nur von weitem – einen Blick in „jene Ecke" werfen. Und so stand ich denn auch bald in der Tür, eigentlich noch draußen – ein Stück Brot, mit Schmalz bestrichen, in der Hand –, und sah hinein. Ich freute mich unseres schönen, lichten Saals mit dem roten Sofa aus Mahagoniholz, dem ovalen Tisch auf drei Füßen, dem ovalen Spiegel in schön geschnitztem Rahmen und dem großartigen Misrach. O dieser Misrach! Der Vater hatte ihn selbst gemalt, als er Bräutigam war, so erzählt er. Was war da nicht alles drauf! Bären und Löwen und Wildkatzen. Adler und kleine Vögel, Posaunen, Chanukah-Lampen und Paradiesäpfel, Schüsselchen mit kleinen Mogen-Dowids und Blättchen und Knöpfchen und Rädchen und Streifen und Pünktchen ohne Zahl und ohne Ende! Nicht zu glauben, daß eine menschliche Hand das alles sollte malen können, das Auge konnte es gar nicht umfassen. Ja, der Vater, der kann was, dachte ich mir, der bringt was fertig, der ist schrecklich geschickt!

„Hol' dich nicht der Teufel! Voll Chomez an der Tür? Verdammter Junge, du!"

So rief die Mutter, die mich auf frischer Tat ertappte, faßte mich mit zwei dünnen scharfen Fingern ihrer rechten Hand an meinem linken Ohr und führte mich zum Vater:

„Da, sieh dir ihn wenigstens an, deinen Sprößling! Mit dem Brot in der Hand hat er sich hingestellt und nach dem Pejssach-Borschtsch geblickt!"

Der Vater machte ein ernstes Gesicht, schüttelte den Kopf, spitzte die Lippen und zischelte:

„Ts, ts, ts! Schau, daß du fortkommst, du Schlingel, du!"

Aber kaum wandte sich die Mutter ab, spielte ein verstecktes Lächeln um seinen Mund. Ich sah es ganz gut. Nur wenn sie sich ihm wieder zuwandte, wurde sein Gesicht wieder ernst. Schließlich faßte er mich an der Hand, setzte mich neben sich auf den Stuhl und ermahnte mich, nicht hinzublicken. Man dürfe nicht!

„Auch von weitem nicht?“ fragte ich.

Doch er hörte nicht mehr, sondern war schon wieder in sein Buch vertieft, in dem er murmelnd studierte. Ich aber stahl mich von ihm zur Tür fort, lugte durch einen Spalt in den Saal hinein und staunte alle die wunderbaren Dinge an, die es da gab, ein wahres Paradies: auf dem Fußboden viele neue Töpfe, an den Wänden Hackmesser, ein Salzbrett, zwei Kränze, Zwiebeln als Saalschmuck. Alles schon für Pejssach, für Pejssach, für Pejssach ...

Von Hand zu Hand

„Vielleicht würdet ihr euch mit euren Büchern von hier in die große Schlafkammer bemühen.“

So sagt die Mutter zu uns. Sie ist weißgekleidet, hat eine weiße Serviette auf dem Kopf und hält einen langen Stock in der einen Hand, einen Flederwisch in der zweiten. Den Kopf hat sie ganz zurückgeworfen und blickt zur Decke.

„Ssossel, wo bist du denn mit der Bürste? Na, rühr' dich schon mal! Komm' doch!“

Ssossel, die Dienstmagd, auch einen weißen Fetzen um den Kopf gewunden, kommt mir der nassen Bürste und einem Eimer Kalk. Und beide sehen aus wie lebendige Tote in weißen Leichenkleidern. Und Ssossel patscht mit der nassen Bürste über die Zimmerdecke hin und her: patsch, patsch! Und beide sind aufgeregt, zornig wie Bienen.

Ich sehe verwundert auf das seltene Schauspiel. Aber sie lassen mich nicht lange in Ruhe. Erst machen sie mir Andeutungen, daß ein Junge nichts in der Stube zu suchen hat, wenn zu Pejssach reingemacht wird. Bald aber kommen sie schärfer:

„Du, Junge, vielleicht würdest du in die Schlafkammer gehen?“ sagt die Mutter, faßt mich an der Hand und zeigt mir den Weg. Ich aber habe nicht viel Lust, ihrer Weisung zu folgen und trete nur ein bißchen zur Seite. Dabei komme ich nun Ssossel in die Quere, die mich kurzerhand von sich stößt:

„Überall steht er einem im Weg“, schilt sie.

„In Teufels Namen, geh' doch schon einmal zum Vater hinein“, ruft die Mutter und schleudert mich Ssossel zu, Ssossel schleudert mich zurück, indem sie beteuert:

„So lang ich lebe, hab' ich einen so zudringlichen Jungen nicht gesehen!“

„Dem ist nicht beizukommen“, sagt die Mutter und gibt mir von hinten einen Stoß, Ssossel aber fängt mich auf und kalkt mich weiß an. Dann falle ich wie ein Ball zum Vater in die Kammer hinein und vergehe schier vor Weinen.

Der Vater blickt auf, beruhigt mich, wie er kann, setzt mich auf seine Knie und vertieft sich wieder in seine Bücher.

Aus der Schlafkammer in die Speisekammer

„Entschuldigt, Herr! Die Frau läßt Euch sagen, Ihr sollt so gut sein und von hier in die kleine Schlafkammer hinein", bestellt Ssossel, die Dienstmagd, die eben, zum Erschrecken schmierig, mit allen ihren Geräten eintritt, dem Vater. Und wir gehorchen, wandern mit den Büchern aus der großen in die kleine Schlafkammer aus. Die kleine Kammer ist gerade so groß wie eine Nuß. Es gibt dort nichts als ein Bett, in dem ich schlafe und, leider muß ich es sagen, auch Ssossel, die Dienstmagd. Ssossel gehört nämlich zur Familie und ist eine lange, lange Zeit bei uns im Hause. Ich sei noch gar nicht auf der Welt gewesen, sagt sie, als sie zu uns kam. Auf ihren Händen sei ich aufgewachsen. Wer weiß, wo ich heute wäre, wenn sie nicht gewesen wäre. Denn es gäbe keine Heimsuchung, kein Unglück, keine Krankheit, die ihren Weg nicht zu mir gefunden hätten, und nur sie habe mich aus all diesen Nöten herausgerettet.

„Und heute lohnt er mir's mit solchen Schlechtigkeiten! Sollte man ihn da nicht prügeln?"

So fragt Ssossel und gibt gleich die Antwort, indem sie mir ein paar Rippenstöße versetzt und mich zur Draufgabe noch an den Haaren ziept. Und merkwürdig: niemand sagt ihr auch nur ein Wort. Weder der Vater, noch die Mutter nimmt sich meiner an. Ssossel tut mit mir, was sie will, ganz so, als ob ich ihr Kind wäre und nicht das der Eltern.

In der Schlafkammer ziehe ich mich in eine Ecke zurück, setze mich auf den Fußboden und betrachte den Vater, wie er sich mit der Hand über die Stirn streicht, am Barte kaut, den Oberkörper hin und her bewegt und immerzu sein schönes „und ja ..." hören läßt. Aber nicht lange, denn schon ist wieder Ssossel mit ihren Instrumenten da: wir seien gebeten, auch von da wieder ein wenig weiter zu wandern.

„Wohin denn noch?“ fragt der Vater erschrokken.

„Was weiß ich?“ antwortet Ssossel und stellt sich mit ihrer Bürste mitten ins Zimmerchen hin.

„In die Kammer, in die Speisekammer“, sagt die Mutter, die eben mit ihrem langen Stock und dem neuen Flederwisch wie ein bewaffneter Feind eingedrungen ist.

„In der Speisekammer ist's doch jetzt kalt“, versucht der Vater das Unheil abzuwenden.

„Ja, gewiß, eine Bärenkälte ...“, höhnt die Mutter.

„Man findet Erfrorene draußen“, hilft ihr Ssossel, und schon klatscht sie mit ihrer nassen Bürste über die trockenen Wände hin.

Es bleibt uns nichts übrig, als uns aus der kleinen Schlafkammer in die Speisekammer zu trollen. Schon beim Eintritt schauern wir vor Kälte zusammen, und auch sonst ist die Kammer gewiß nicht das geeignete Studierzimmer für den Vater. Sie ist finster, klein und eng – kaum, daß zwei Menschen drin Platz haben. Freilich, für mich ist sie einfach ein Paradies. Es gibt da nämlich Simse, auf die man klettern kann. Der Vater gestattet's zwar nicht – er meint, man könne sich dabei das Genick brechen –, aber wer kümmert sich darum? Er ist längst wieder in seine Bücher vertieft – und ich klettere lustig von Sims zu Sims, bis ich oben auf dem letzten, dem dritten, bin.

„Kikeriki“, rufe ich, um den Vater auf meine große Geschicklichkeit aufmerksam zu machen und hebe den Kopf an, daß mir fast die Zähne aus dem Mund fliegen. Der Vater erschrickt und erhebt ein Geschrei. Ssossel stürzt herein, ihr nach die Mutter, und beide teilen mir soviel zu, als ich nur vertrage.

„So ein Kind! Was der nicht anstellt!“ ereifert sich meine Mutter.

„Kind? Kind?! Das ist kein Kind, das ist ein Teufel!“ hilft ihr Ssossel und verkündet uns gleich darauf, man werde uns bald bitten, daß wir uns von hier nach der Küche verfrachten. Denn in den Zimmern sei schon der Pejssach fast über die Hälfte fertig.

Aus der Speisekammer in die Küche

In der Küche finde ich Mojsche Bär mit den großen Augenbrauen beim Vater. Sie sitzen auf der Küchenbank, studieren nicht, sondern reden bloß. Sie klagen einander ihr Leid. Der Vater erzählt, was er schon diese ganzen letzten Tage auszustehen hat: „Immer unstät, der reine Goles immer auf der Wanderung von einem Orte zum andern!“ Und Mojsche Bär meint, das alles sei noch gar nichts gegen das, was er zu ertragen habe.

„Mich hat die Meinige einfach aus dem Hause gejagt“, sagt er.

Ich sehe mir Mojsche Bär an und vermag mir durchaus nicht vorzustellen, wie man ihn, einen so großen Mann mit so großen Augenbrauen, aus dem Hause jagen kann. Nach und nach kommen sie auf ihre sonstigen Sachen zu sprechen. Ich höre sonderbare Worte: ‚Rambam', ‚Kusari', ‚Philosophie', ‚Spinoza' und dergleichen, mit denen ich nichts anzufangen weiß.

Da interessiert mich die graue Katze, die auf dem Herde sitzt und sich putzt, schon viel mehr. Ssossel meint, daß das Gäste bedeutet. Ich verstehe aber nicht, woher die Katze das weiß, daß Gäste kommen werden. Ich gehe daher auf sie zu und beginne mit ihr zu spielen. Zuerst versuche ich ihr auf die Pfoten zu klopfen. Sie geht nicht darauf ein. Dann will ich, daß sie aufwarte, auf den zwei Hinterfüßen stehe. Das will sie auch nicht. Ich rufe einmal und noch mal: „Steh'! Parier'!" und begleite jeden Ruf mit einem Stieber auf ihr Näschen. Sie schließt die Augen und wendet das Köpfchen zur Seite, streckt das Zünglein heraus und macht ein merkwürdiges Gesicht. Offenbar denkt sie: Was hat sich der Junge da an mich herangemacht? Warum quält er mich? Mich aber fängt die Sache zu verdrießen an: eine Katze soll so eigensinnig sein! ... Und ich plage mich so lange mit ihr ab, bis sie mir mit ihren scharfen Krallen über die Hand fährt. Da quietsche ich schrecklich auf: „O weh, o weh! Mutter! Mutter!" Und natürlich kommt die Mutter gleich gelaufen, Ssossel mit ihr, und beide geben mir meine Portion, damit mir ein andermal die Lust vergehe, mit Katzen zu spielen (Eine Katze im ganzen wird bei ihnen zu ‚Katzen'!)

„Geh, wasch dir die Hände", sagt jetzt die Mutter zum Vater, „wir wollen in den Keller! Dort das Essen ‚abmachen' ..."

Ssossel faßt den Schürhaken und macht sich beim Herd und bei den Töpfen zu schaffen. Sie nimmt weder auf mich noch auf den Vater, noch auf Mojsche Bär Rücksicht. Ja, sie läßt sogar Mojsche Bär nicht im Zweifel darüber, daß sie nicht verstehe, was er vor Pejssach da zu suchen habe.

„Ich glaube", sagt sie, „es ist in solcher Zeit richtiger, zu Hause zu bleiben, als in fremden Häusern im Wege zu stehen."

Mojsche Bär merkt, daß sie ihn meint und verabschiedet sich. Wir aber steigen in den Keller, um das Essen ‚abzumachen' ...

Aus der Küche in den Keller

Ich begreife eigentlich nicht, warum der Vater so unzufrieden mit den Achseln zuckt und ‚die wahre Auswanderung!' in den Bart brummt. Ich sehe nicht ein, was das für ein Unglück sein soll, wenn man einmal im Keller Mittag ißt. Es riecht nach sauren Gurken, Kraut und Milchkannen – was schadet's? Und was ist dabei, daß der Tisch aus zwei umgelegten Fässern besteht, auf die man ein Nudelbrett gelegt hat, und daß man selbst auf umgelegten Fässern am Tische sitzt? Ich finde sogar, daß es so viel besser und lustiger ist. So kann man zum Beispiel auf dem Fasse über den ganzen Keller rollen. Daß man dabei hinfällt? Nun, so steht man wieder auf und rollt noch einmal. Die Sache hat nur den einen Fehler, daß Ssossel aufpaßt und einen nicht rollen läßt.

„Aha“, ruft sie, „er hat schon wieder was Neues gefunden, er will sich eine Hand oder einen Fuß brechen ...“

Was der einfällt! Ich weiß nicht, warum sie mir das Leben verbittert. Immer verfolgt sie mich und immer prophezeit sie Unheil. Wenn ich laufe, sagt sie, ich werde das Genick brechen, komme ich an irgendwas heran, sagt sie, ich wolle es kaputt machen, halt' ich einen Knopf im Mund, schlägt sie Lärm: „Der Unglücksjunge will ersticken.“ Meine Rache erlebe ich nur, wenn ich krank bin, denn dann ist sie ganz aus dem Häuschen und möchte die Welt umkehren, nur um mir zu helfen.

„Jetzt nimm das Kind und geh' mit ihm hinauf. Man muß nun das letzte Chomez auch aus dem Keller hinausschaffen.“

So sagt die Mutter nach dem Tischgebet, und ehe noch der Vater Zeit findet zu fragen, wohin wir eigentlich gehen sollen, fügt sie hinzu:

„Für einige Stunden auf den Boden.“

„Denn in den Zimmern sind schon die Fußböden gewaschen“, ergänzt Ssossel. „Aber gebt acht, daß der Unglücksjunge nicht vom Boden herunterpurzelt und sich dabei das Genick bricht!“

„Mußt die Zunge laufen lassen!“ ärgert sich die Mutter.

Und Ssossel stößt mich, damit ich schneller gehe.

„Na, kriech' doch mal, kriech', Unglücksjunge!“

Der Vater geht hinter mir und ich höre, wie er brummt:

„So was! Auf den Boden gar? Die wahre Auswanderung! So was!“

Ein sonderbarer Mensch, mein Vater. Selbst mit dem Boden ist er nicht zufrieden. Unbegreiflich! Ich meine, ich hätte doch nichts dagegen, auch wenn jede Woche Erez Pejssach wäre und man immer auf den Boden klettern müßte. Denn erstens ist doch das Klettern selbst nicht zu verachten. Wenn ich's an einem gewöhnlichen Tage wollte, man ließe mich's ja nicht, und wenn's ans Leben ginge. Und jetzt laufe ich ganz frei die Treppe hinauf, wie ein Teufel. Und der Vater kommt hinter mir und mahnt: „Langsam, langsam!" Aber er hat gut mahnen. Ich fühle, daß mir Flügel gewachsen sind. Ich fliege, ich fliege!

Aus dem Keller auf den Boden und – Schluß

Was wißt ihr von den Schätzen, die bei uns auf dem Boden sind? Ja, ja, ganze Schätze! Zerbrochene Lampengläser, Topfscherben, alte Wäsche – schwer zu sagen, ob's mal von Männern oder Weibern gewesen ist. Dann liegt so ein Stück Pelz da – wenn man nur nahe kommt, zergeht es wie Schnee. Ferner gibt es da zerfetzte Buchblätter, die durchgebrannte Röhre eines Teekessels, Bettfedern und ein zerrissenes Sieb. Ein alter Lulew macht sich's der ganzen Länge nach bequem wie ein Familienvater. Und erst die Sparren und die Balken! Und gar das Dach! Es ist ganz aus Schindeln, und ich reiche mit den Händen hinauf! Man denke: das Dach in der Hand halten!

Der Vater setzt sich auf einen Balken, sammelt die zerrissenen Buchblätter und vertieft sich in sie.

Ich aber stelle mich an das kleine Dachfenster und sehe die ganze Stadt vor mir – wie auf einem Teller. Alle Häuser mit allen Dächern – schwarzen, grauen, roten und grünen. Und die Menschen, die da unten gehen, sehen ganz klein aus. Und es scheint mir, daß es auf der Welt nichts Schöneres als unsere Stadt geben kann. Ich werfe auch einen Blick zu uns in unseren Hof, und ich sehe, wie man bei uns und allen Nachbarn scheuert und putzt, Tische und Bänke wäscht, große Töpfe mit siedendem Wasser, heiße Bügeleisen und glühende Steine schleppt und wie ein weißer Dampf sich emporwälzt und gleich Rauch zerflattert. Und es riecht nach Frühling, es rieselt in den Gossen, Ziegen meckern, und irgendein Mann, der große, zerrissene und durch Schnüre zusammengehaltene Stiefel anhat, watet mit einem weißen Pferdchen, das er mit der Peitsche antreibt, mühselig durch den Morast. Es ist Asriel, der Fuhrmann, der irgendwohin Mazzes fährt; und ich erinnere mich, daß wir schon lange Mazzes haben, sie liegen schon lange im verschlossenen Schrank, mit einem weißen Leintuch zugedeckt. Dort sind auch schon Eier vorbereitet: ein großer Topf voll und ein Glas voll Schmalz. Zwei Kränze Zwiebeln hängen an der Wand, und noch andere gute Dinge für das schöne Fest gibt es da. Ich erinnere mich auch an die neuen Kleider, die man mir zu den Feiertagen versprochen hat, und ich bin sehr froh, sehr glücklich.

„Herr!“ tönt ein langgedehnter Ruf von unten herauf. „Bemüht Euch herunter, in den Hof, die Bücher durchlüften.“

Der Vater steht auf und spuckt wütend aus:

„Zu dumm schon! Die wahre Auswanderung!“

Ich kann des Vaters Unzufriedenheit durchaus nicht verstehen. Was kann es denn Schöneres und Vergnügteres geben, als draußen zu stehen und Bücher durchzulüften? Und ich laufe auch gleich vom Fenster fort, zur Bodentür und ... krach! ... stürze kopfüber die Treppe hinab!

Was weiter war, erinnere ich mich nicht. Ich weiß nur, daß ich nach dem Sturz eine recht lange Zeit krank war. Es stand damals schlimm mit mir, sagt man. Aber, wie ihr seht, bin ich wieder ganz gesund geworden – wenn's nur niemals ärger würde! Nichts als die Narbe da im Gesicht ist geblieben. Auch der Atem ist mir seitdem etwas kurz geworden. Ja, und wenn ich spreche, blinzle ich mit den Augen, bis auf den heutigen Tag ...

Besuch in Berditschew

Auf der Trambahn

Es war ganz früh morgens, noch vor dem Beten, als ich im Herbst mit der Eisenbahn in Berditschew ankam, es geht Gott sei Dank schon eine hin. Draußen sprühte ein feiner Regen, der freilich genügte, um einen ausgiebigen, lockeren Morast zu bilden. Ich war kaum aus dem Wagen, als schon ein ganzer Trupp Hoteldiener auf mich losstürzte. Alle hatten sie gelbe Bärte, trugen gelbe Röcke und auf gelben, abgenützten Mützen gelbe Schilder.

„Herr Nachbar! ‚Grand Hotel'!"

„‚Hotel Francia'! Herr Nachbar!"

„Herr Nachbar! ‚Italia'"

„Herr Nachbar! ‚Portugalia'!"

„Herr Nachbar! ‚Türkalia'!"

Mit großer Mühe gelang es mir, mich durch den Trupp durchzuwinden, sofort fiel ich aber einer anderen Gesellschaft in die Hände: Droschkenkutscher mit großen Stiefeln und langen Peitschen, die mich ernstlich beinahe in Stücke gerissen hätten. Einer von ihnen, ein riesiger Kerl, riß mir, ohne mich viel zu fragen, meinen Koffer aus der Hand. Ich erhob natürlich ein mächtiges Geschrei: „Meine Manuskripte! Meine Papiere!", worauf sich zwei seiner Kollegen meiner annahmen. Da mich aber ein jeder für sich haben wollte, kam es zu einer Prügelei zwischen ihnen, und diesen Umstand nützte ich aus, um meinen Koffer und mich zu befreien und zur Trambahn zu laufen.

„Hierher, hierher, Leutchen! Einen Fünfer die Fahrt! Einen Fünfer pro Person! Von hier bis Ecke Belepobergasse im ganzen nur einen Fünfer! Fünf Kopeken pro Person!“

Der dies ausrief, war der Schaffner selbst: ein junger Mann mit einem blonden Bärtchen und einer gurgelnden Stimme, einem Messingknopf auf der Mütze und einer Tasche um den Hals. Neben ihm stand ein Mann in zerrissenem Rock, eine Peitsche in der Hand: der Kutscher. Und beide zeigten auf einen sogenannten Wagen mit zerbrochenen Fensterscheiben, der ein bißchen nach einer Seite geneigt dastand. Ein dürres Pferd, das den Kopf herabhängen ließ und sanft schlummerte, war an einer langen Deichsel vorgespannt.

„Gebt acht“, warnt mich der Schaffner, „daß Ihr nicht stolpert. Es fehlt ein Brett am Fußboden. Man repariert den Wagen ...“

Ich setze mich hin, lege meinen Koffer neben mich und warte. Es ist etwas kühl. Ich schlage die Füße aneinander.

„Schaffner“, wende ich mich an den jungen Mann, „wird's einmal oder nicht?“

„So Gott will“, antwortet er.

„Du, Jossel, gib etwas Tabak her!“ sagt der Kutscher zu ihm.

„Knaster ist für Euch gut genug, Reb Kassriel“, meint darauf der Schaffner. „Von gutem Tabak könnt ihr noch Kopfweh kriegen!”

„Mach' keine faulen Witze, dummer Junge, sondern gib her!“ fordert Kassriel, der Kutscher, wieder.

Und nun drehen sich beide ihre Zigaretten.

„Wann fahren wir?" frage ich wieder den Schaffner.

„Heute", erwidert er ganz kaltblütig und gibt dem Kutscher Feuer.

Ich warte. Langsam kommen die Passagiere zusammen. Der erste ist ein Mann mit einem zerrissenen Pelz. Es ist schwer zu sagen, von was für einem Tier das Fell ist; für einen Fuchs ist es zu weiß, für eine Katze zu rot. Dann steigt einer ein, ohne Pelz, frierend, sieht sich nach allen Seiten um, sucht seufzend einen Platz und setzt sich schließlich in eine Ecke an der Tür. Ihm folgt ein Korb mit Äpfeln und diesem eine Frau, die in drei Tücher eingewikkelt ist. Man merkt, daß ihr sehr kalt ist.

„Vorwärts, Reb Kassriel!" ruft jetzt der Schaffner, pfeift, und – wir fahren. Aber nur einige Schritte. Denn schon bleibt der Wagen wieder stehen. Die Tür geht auf, und irgendein Mann steckt seinen Kopf herein:

„Ist da nicht Mojsche?"

„Was für ein Mojsche?" fragt Jossel, der Schaffner.

„Ein junger Mann mit einer Mütze", antwortet der Kopf.

„Der in einem Eisengeschäft dient?" fragt Jossel, der Schaffner.

„Ja, ja, der!"

„Ich kenne ihn", sagt Jossel, der Schaffner, und pfeift. „Vorwärts, Reb Kassriel!"

Und wir fahren weiter.

„Einen Fahrschein!" wendet sich der Schaffner

an mich ... „Ihr kommt mir nicht bekannt vor, seid wohl nicht von hier? ... Habt Ihr die Absicht, lange hier zu bleiben? Dann kann ich Euch in ein Gasthaus bringen, zwar kein Hotel, aber rein, ohne Wanzen. ... Und auch, wo Ihr billig und gut essen könnt, kann ich Euch zeigen ..."

Ich danke ihm und sage, daß ich hier Bekannte habe. Er will wissen, wer und was sie sind. Ich nenne ihm einen beliebigen Namen und bin ihn los. Er geht darauf zu dem Mann im Pelze und will ihm einen Fahrschein geben. Der aber zuckt die Achseln und meint:

„Ach was! Nicht einen Groschen habe ich bei mir, so wahr ich lebe."

„Aber Ihr fahrt diese Woche schon das dritte Mal ohne Fahrschein", meint Jossel, der Schaffner, ärgerlich.

Na und – soll ich etwa zu Fuß gehen?" ist die ebenso ärgerliche Antwort. „Oder soll ich etwa dir zuliebe stehlen gehn?"

Jossel, der Schaffner, macht eine resignierte Gebärde und wendet sich an den Mann ohne Pelz, den Frierenden. Der stellt sich schlafend.

„Heda, mit Verlaub, einen Fahrschein!" Keine Antwort. Der Mann tut so, als ob er nicht höre. Worauf ihm der Schaffner einen Nasenstüber versetzt: „Herr Nachbar! Mit Verlaub ... Einen Fahrschein!"

Der Mann fährt wie aus dem Schlafe auf und reibt sich die Hände.

„Einen Fahrschein", wiederholt Jossel, der Schaffner.

„Ich höre“, antwortet der Mann endlich und haucht sich in die Fäuste.

„Was heißt das, Ihr hört?“ sagt nun Jossel, der Schaffner, schon in sehr energischem Ton. „Gebt lieber einen Fünfer her, ja, und nehmt den Fahrschein!“

„Etwas stiller“, wehrt sich der Frierende. Warum gleich so hitzig? Seh’ mal einer an: auch schon wer!“

„Macht keine Späße“, sagt Jossel, der Schaffner, „und gebt Euern Fünfer her!“

„Ich hoffe, Du wirst mir etwas nachlassen von dem Fünfer.“

„Wenn Ihr das erlebt –“, antwortet Jossel, der Schaffner. „Nun, wird’s? Nicht? So muß ich Euch schon bitten, Euch vom Wagen hinunter zu bemühen ... Reb Kassriel, halten!“

Kassriel, der Kutscher, gehorcht gern. Und das Pferd sicherlich nicht minder.

„Bitte, mit dem rechten Fuß!“ sagt Jossel, der Schaffner, zu dem Frierenden, der sich die Hände reibt, die Füße tänzeln läßt, im übrigen aber sich nicht vom Fleck rührt.

„Ihr wartet, scheint’s auf besondere Aufmerksamkeit ... Ich soll Euch wohl beim Kragen nehmen und hinauswerfen ... Na, wenn Welwel, der Kontrolleur kommt – er ist gerade bei einer Beschneidung, bei unserem Kassierer –, der wird’s Euch schon zeigen ... Vorwärts, Reb Kassriel!“ Und der Wagen fährt weiter.

„Es ist wirklich keine Gerechtigkeit auf der Welt“, läßt sich da plötzlich die Frau mit den

Äpfeln hören. „Wieso ist der Mann schlimmer als der andere, der ohne Fahrschein fahren darf! Er wird dir wohl ein Stück Bank abnützen? Wie? Oder glaubst du dir einen goldenen Grabstein damit zu verdienen?"

„Wer hat Euch gebeten, hier als Verteidigerin aufzutreten?" gibt Jossel, der Schaffner, zurück. „Wie könnt Ihr die beiden vergleichen? Den einen kenne ich. Er ist aus gutem Hause und verarmt. Der andere aber ...", er zeigt auf den Frierenden, „ich weiß nicht, wer er ist, irgendein hergelaufener Habenichts!"

Da richtet sich die Äpfelfrau auf:

„Na, und wenn? Muß er deswegen schon hinausgeworfen werden? Gleich hinauswerfen! Seh' mal einer, was für schreckliches Verbrechen er begangen hat! Das Pferd zieht doch ohnehin den Wagen in die Stadt. Ob nun einer mehr da sitzt oder nicht? Stell' dir vor, du hast schon den Fünfer: wird die Suppe davon fett?"

„Wer hat Euch um Eure Meinung befragt?" sagt Jossel, der Schaffner. „Gebt lieber Euern Fünfer her und nehmt Euern Fahrschein."

Die Frau schlägt mit der flachen Hand auf ihre Kleider:

„Habt ihr schon so etwas gehört, Leute? ... Ich hab's aber gewußt, daß er zuletzt auch zu mir kommen wird! Ich soll so glücklich sein, wie ich's gewußt hab'."

„Was denn habt Ihr gemeint? Daß ich Euch umsonst mitnehmen werde?"

„Was heißt das: Du wirst mich mitnehmen? Der

Wagen nimmt mich mit, nicht du. Sieh mal an: hat sich einen Messingknopf aufgesteckt und kommandiert! Ich erinnere mich doch, wie du noch Behelfer bei Lejser Hersch warst, die Kinder in den Chejder getragen hast und ihre Frühstückstöpfchen dazu. Mir erzähle also keine Geschichten von Fahrscheinen! Faaaahrscheinen!"

„Na, was sagt Ihr zu meinen Passagieren?" wendet sich jetzt Jossel, der Schaffner, an mich und setzt sich neben mich hin. „So, wie Ihr sie da seht, so sind sie alle hier. Wer Geld hat und zahlen kann, geht zu Fuß, und wer keins hat und nicht zahlen kann, fährt mit der Trambahn. Und davon soll man leben und eine alte Mutter und eine verwitwete Schwester unterhalten ... Da, schaut, meine Stiefel, wie sie das Maul aufreißen ..."

In diesem Augenblick kracht's. Zwei Deichseln sind aneinander geprallt, und zwei Pferde keuchen. Zwei Wagen, die von entgegengesetzten Seiten auf demselben Geleise daherkamen, sind zusammengestoßen. Und ein wildes Fluchen und Schelten geht los:

„Die Pest über dich!"

„Soll dir das Maul auf eine Seite herunterrutschen!"

„Wo hast du die Augen, du Bankert? Siehst doch, daß ich rechts fahre, ... kannst du doch links fahren!"

„Wo steht das geschrieben, du Trottel, daß du rechts zu fahren hast und ich links? Vielleicht ist's gar umgekehrt: der Pelz auf der andern Seite. Ich rechts und du links."

„Mordsvieh, du! Dazu gibt's doch zwei Geleise: ich hin, du her.“

„Bist selber ein dummes Vieh! Wo steht's denn geschrieben, daß du hin und ich her?“

„Weißt was? Hol' sie der Kuckuck mit ihren Geleisen, ihren Wagen und ihrer ganzen Trambahn. Gib lieber Tabak her, wenn du welchen hast, Asriel, mein Herz! Unsertwegen können sie mit der Trambahn zusammen im selben Feuer verbrennen! Was macht deine Alte? Schon etwas stiller?“

„Wenn man sie so lang prügelte! ... Nur wenn sie schläft, ist sie still. Was gibt's bei dir?“

„Was soll's geben? Man ärgert sich ...“

Und so lassen sich die beiden Kutscher in ein langes Gespräch in ihrem Kutscher-Jargon ein. Auch die beiden Schaffner unterhalten sich gar friedlich und gemütlich. Bis Welwel, der Kontrolleur, von der Beschneidung, die im Hause des Kassierers stattgefunden hat, zurückkommt.

„Daß Euch ... Schon wieder was angestellt?!“ schreit er. „Euer Glück, daß ich von Motje, dem Kassierer, komme und gut aufgelegt bin ... Kinder, war das ein Essen – So'n Kerl! Nun freilich, wenn man bei der Kasse ist. Ich würde auch nicht nein sagen. Besser als Kontrolleur sein und jedem Wagen wie ein Hund nachlaufen! ... Aber Leute! Was ist denn da geschehen? Wieder ein Malheur? Wieder ein Zusammenstoß? Wo habt ihr nur eure Augen? Die Passagiere – hol' sie der Kuckuck! Aber gut, daß die Wagen ganz geblieben sind. Doch nun macht ein Ende, Kinder. Ihr, Reb Kassriel, mein Herz, spannt gefälligst um und fahrt zum

Bahnhof zurück, und Reb Asriel wird Euch nachfahren ..."

„Warum gerade ich?" fragt Kassriel. „Soll Asriel umspannen und in die Stadt zurückfahren, und ich fahre nach."

„Reb Asriel", wendet sich der Kontrolleur zum andern Kutscher, „seid also Ihr so gut und spannt um und fahrt in die Stadt zurück."

„Fällt mir nicht im Traum ein", sagt Asriel. „Mir ist's lieber, wenn Kassriel zum Bahnhof zurückfährt. Er schafft's schon."

„Und wenn's ans Leben geht, ich fahre nicht zurück", versteift sich Kassriel.

„Und wenn ich hier auf der Stelle zu Grunde gehe – ich rühr' mich nicht vom Fleck", überbietet ihn Asriel.

„Daß euch ...", flucht jetzt die Äpfelfrau, packt ihren Korb und wackelt vom Wagen herunter. „Ein schönes Fahren das! Fünfer lassen sie sich noch zahlen! Zu Fuß wäre ich schon sechsmal in der Stadt, ja. Eine ‚Trampelbahn' haben sie sich für Berditschew ausgedacht ... Nötig gewesen ..." Und sie flucht und spuckt aus ...

Ich aber sehe ein, daß mir auch nichts übrig bleibt, als zu Fuß zu gehen. Und so nehme ich denn meinen Koffer und steige aus. Hinter mir kommen Wagen gefahren. Die Droschkenkutscher pfeifen, höhnen und lachen:

„Dem Rebben haben Fleckchen mit Bohnen nicht geschmeckt? Ha? Eine einfache Droschke hat Euch nicht gepaßt? Ausgerechnet nur auf der ‚Trampelbahn'! Ihr könnt noch von Glück reden, daß Ihr mit heilen Gliedern heraus seid, daß keine Eierspeise aus Euch geworden ist ... Na, steigt schon ein mit Eurem Koffer, Herr Nachbar, in welchen Wagen Ihr wollt. Wir halten zusammen ... Hot, Kinder, hot, hot!" ... Und so halte ich endlich samt meinem Koffer Einzug in Berditschew.

Im Hotel „Türkalia"

„Wenn Ihr billig und doch fein unterkommen wollt, so verlaßt Euch auf mich", sagt mein Kutscher zu mir und führt mich vor ein zweistöckiges Haus mit arg beschädigter Fassade, das in großen Buchstaben die Aufschrift trägt: „Hotel Türkalia". Er klopft mit der Peitsche an die Tür und schreit:

„Nojech! Nojech! Wo steckst du denn, zum Teufel! Mach' auf! Ich hab' dir einen Hecht gebracht!"

Die Tür geht auf, und es erscheint der gerufene Nojech, der Portier des Hotels. Er packt meinen Koffer und trägt ihn ohne weiteres in den zweiten Stock. Sowie wir oben sind, fragt er:

„Was für ein Zimmer wollt Ihr? Mit Gesang oder ohne?"

„Gesang?"

„Ja, Gesang. Bei uns wohnen nämlich die Schauspieler vom jüdischen Theater und außerdem ein Chasen aus Litauen mit zwölf Chorknaben! Sie sind zum Sabbath hergekommen. Es soll kein übler Chasen sein, sagt man. Eine Rarität von einem Chasen!"

„Das kann ja sein, daß er eine Rarität von einem Chasen ist. Aber ich verzichte. Gebt mir ein Zimmer ohne Gesang!"

„Wie Ihr wollt", sagt Nojech, der Portier. „Ich kann Euch auch ein Zimmer ohne Gesang geben. Aber wenn's Euch dort nicht ganz passen sollte, so will ich dann keine Verantwortung haben."

„Was versteht Ihr unter ‚nicht ganz passen'?" frage ich ihn mißtrauisch.

„Na, zum Beispiel", antwortet er, „wenn's Euch beißen sollte."

„Wer soll mich beißen?"

„Wer Euch beißen soll? ... Ich sicher nicht. Es wird schon welche geben, die Euch beißen werden. Man hat erst vor kurzem gereinigt: vor Pejssach. Aber es hilft nichts. Auch Petroleum nicht."

„Wenn dem so ist, dann lieber schon mit Gesang", sage ich.

Nojech, der Portier, führt mich nun in ein finsteres Zimmer, in dem es nach frischen, erst abgezogenen Häuten und faulen, verschimmelten Gurken riecht. Und ehe ich mich noch zurechtfinde, packt er irgend etwas und klopft darauf los, so etwa, wie man ein Kissen klopft, das man für jemanden zu seiner Behaglichkeit herrichten möchte. Dabei schimpft er mörderisch:

„Du Lümmel! Du Schwein! Du Ochs! Gleich kriegst du noch eine über deine Fratze, daß dir alle Zähne herausspringen! Alle Welt kommt von der Bahn, und er legt sich mit den Stiefeln ins Bett, streckt sich aus wie bei Vater zu Hause aufs Heu, machts sich's bequem! Ein schöner Diener das!

Hast noch keine Zeit gehabt, die Läden zu öffnen? Den Samowar aufzustellen? Den Schauspielern die Schuhe zu putzen? Beim Chasen und bei den Chorknaben rein zu machen? Noch keine Zeit gehabt, Mojsche Mordche? Was? Hol' dich der Henker!"

Erst jetzt erblicke ich den Menschen, den alles das angeht. Es ist ein baumlanger Kerl mit großen, gut gefetteten Schuhen – und nun begreife ich auch den Geruch im Zimmer. Er steckt übrigens die Ohrfeigen des Portiers ganz ruhig ein, streicht sich mit den Fingern über die Lippen, als ob er damit nichts zu tun hätte, und dann öffnet er die Fensterläden, glotzt mich an und beginnt fröhlich zu lachen.

„Vielleicht wißt Ihr, warum er lacht!" sagt der Portier zu mir, „Wahrscheinlich freuen ihn die Ohrfeigen auf nüchternen Magen! Scher' dich zum Teufel, du abscheulicher Kerl! Du Kartoffelfresser! Du Lokschenschlinger! Du Bretzelmarder! ..."

Noch ein Hieb in den Nacken und Mojsche Mordche fliegt zur Tür hinaus.

„Ein ganz ordentlicher Junge", sagt dann der Portier zu mir, „nur ein wenig faul und schläft zu fest. Ohne Ohrfeigen ist er nicht zu wecken. Sonst aber arbeitet er wie ein Esel. Und was er verdient, gibt er seiner Schwester. Ich habe es kaum bei ihm durchsetzen können, daß er sich ein paar neue Stiefel machen ließ ... Was wollt Ihr zum Tee haben? Frisches Gebäck, Bretzeln, Mohnbrötchen, oder vielleicht gar Berditschewer Prenseln?"

So fragt er, macht aber plötzlich kehrt und verschwindet, ohne meine Antwort abzuwarten.

„Gleich darauf öffnet jemand die Tür und steckt den Kopf herein:

„Ihr habt schon gebetet, Reb Jid?"

„Was kümmert das Euch?" frage ich. „Wer seid Ihr?"

„Ein Fremder, nicht von hier. Ich möchte Euch bitten, mir auf eine Minute Euern Talles und Eure Tefillin zu leihen. Mir hat man die meinigen gestern hier im Hause gestohlen."

Bald wird die Tür wieder geöffnet, ein zweiter Kopf erscheint und spricht in mehreren Sprachen zugleich:

„Raznich towarow, panie, gute Socken! Renkawitschki zimni, beste Ware, billig! Halb umsonst jak boga kocham! Kauft mir Socken ab, wenigstens ein halbes Dutzend ... Gott soll Euch Gesundheit schenken ... Ich wußte nicht, wer Ihr seid. Es kommt ja manchmal vor, daß man auf einen Nichtjuden stößt und eine halbe Stunde lang ihn jüdisch anspricht, bis man zuletzt sein Teil von ihm kriegt. Darum dachte ich mir, ich werde polnisch, russisch und deutsch probieren; ich versteh' Gott sei Dank einige Sprachen ... Ein paar gute, warme Handschuhe vielleicht? ... Ich war einmal ein großer Kaufmann, wie Ihr mich da seht, bin auf die größten Märkte gefahren: nach Jarmelnica, Proskurow und Poltawa ... Mehr wollt Ihr also nicht? Ein Stück Seife? Einen guten Kamm? Eine Seltenheit! Nicht? Besten Dank für die Losung. Meine Kinder werden sich erquicken ... Vielleicht doch noch eine gute Bürste? Oder einen schönen Schlips? Oder vielleicht noch ein halbes Dutzend Socken? Ich werd's Euch billiger lassen. Nicht? Nein? Na schön. Adieu ..."

Der Mann packt seine Mütze und geht. An seiner Stelle ist gleich ein anderer da:

Kauft mir Socken ab, Reb Jid, gute, billige Socken."

„Danke, ich brauche keine Socken", antworte ich.

„Was heißt das: Ihr braucht keine Socken!" sagt er. „Soeben habt Ihr ja bei dem anderen ein halbes Dutzend gekauft. Ich bin auch ein Jude und arm und Vater von vielen Kindern, zwei Knaben in der Schule, einer ist in der Lehre und die kleineren im Chejder ... Besten Dank, Gott soll Euch Glück geben! Adieu ..."

Und schon ist ein dritter da – ein hochgewachsener, magerer Mensch mit einem furchtsamen Gesicht:

„Wenn Ihr ein gutes Werk tun und Euch das Fasten am Tischebow ersparen wollt, dann kauft mir diesen Rest da ab. Ich gebe ihn Euch zum Einkaufspreis. Ein paar Dutzend Socken, die mir übriggeblieben sind."

„Ich brauche keine Socken", sage ich, „ich habe schon genug Socken."

„Ich gebe sie Euch unter dem Einkaufspreis", meint er nun. „Ich will nicht handeln. Gebt, wieviel Ihr wollt, gebe Euch Gott Gesundheit und langes Leben! ... Ich habe einen Sohn im Gymnasium, der heuer fertig wird. Er will Doktor werden. ‚Du wirst dann nicht mehr soviel arbeiten brauchen, Vater', sagt er. ‚Dann werde ich arbeiten, und du wirst dich ausruhen', sagt er ... So sagt er, mein Sohn. Aber einstweilen muß ich ihm manchmal noch mit einem Dreirubelschein aushelfen, obwohl er selbst schon ganze sechzehn Rubel monatlich verdient ... Viel Glück und adieu!"

Kaum ist er draußen, tritt schon ein neuer Besuch ein: eine Frau in einem türkischen Shawl.

„Seid Ihr das, der Gast aus Jehupez?" sagt sie mit singender Stimme.

„Ja ich. Was gibt's denn?"

„Ich hörte, daß Ihr nach Berditschew gekommen seid, um Socken einzukaufen. Da hab' ich Euch ein paar Dutzend als Muster gebracht. Ich habe eine Sockenfabrik. Schon zehn Jahre arbeite ich Socken."

„Wer hat Euch erzählt, daß ich Socken kaufe?" frage ich. Es ist nicht richtig. Ich bin nicht Socken kaufen gekommen und brauche keine Socken!"

Doch die Frau kümmert sich wenig um meine Worte, sondern fährt fort. Ihre Zunge geht schnell wie ein Mühlrad:

„Meine Socken sind in ganz Berditschew berühmt. Da seht Euch dies Stück an! Was sagt Ihr dazu?"

„Aber um Gottes willen!" schreie ich. „Ich kaufe keine Socken, ich brauche keine Socken!"

„Da liegen ja Socken bei Euch", überführt sie mich.

„Die habe ich zum Verkaufen mitgebracht", lüge ich und begleite sie zur Tür hinaus.

Ich drehe den Schlüssel um, um vor Sockenverkäufern Ruhe zu haben ... Es klopft.

„Wer da?“ rufe ich.

„Ich“, antwortet's von draußen.

„Was für ein ich?“ frage ich in meiner Angst vor Socken.

„Dawid.“

„Was für ein Dawid?“

„Dawid Lauf.“

„Was für ein Dawid Lauf?“

„Der Kommissionär!“

„Was soll's?“ frag ich. „Vielleicht Socken?“

„Socken wollt Ihr?“ antwortete er. „Bitte, ich laufe in ein Geschäft und bringe Euch Socken.“

„Nein, nein!“ schreie ich. „Ich brauche keine Socken!“

Ich öffne die Tür: Nojech, der Portier, kommt herein, vollbepackt mit Semmeln, Bretzeln, Mohnbrötchen und Prenseln.

„Für wen bringt Ihr so viel?“ frage ich.

„Darüber braucht Ihr Euch doch keine Sorge zu machen“, erwidert er. „Den Hunden wird man es sicherlich nicht vorwerfen. Unberufen genug Mäuler da, die essen wollen. Ich selbst habe sechs eigene zu Hause, außer zwei fremden Waisenkindern ... Sagt mir lieber: Was seid Ihr für ein sonderbarer Mensch? Habt Ihr's mir nicht sagen können, daß Ihr Socken braucht? Müßt Ihr Dowidel Lauf schikken?“

„Wer hat ihn geschickt?“

„Ich weiß nicht, wer ihn geschickt hat. Ich sicher nicht. Wartet nur, Ihr werdet schon sehen, was für Socken Euch Dowidel, der Diebskerl, bringen wird! Berditschewer Socken! ...“

In diesem Augenblick geht die Tür auf, und es tritt ein gutgenährter, rotbäckiger Mensch ein, der ein verschwitztes Gesicht und im Mund eine Pfeife hat. Ich besinne mich nicht lange, fasse ihn an der Hand und zeige ihm die Tür:

„Schert Euch mit Euren Socken zum Teufel! Ich brauche keine Socken!"

„Aber um Gottes willen", ruft Nojech, der Portier, dazwischen. „Was tut Ihr? Das ist doch der Besitzer unseres Hotels –!"

„Ach so?! Nehmt mir's nicht übel", sag' ich, reiche ihm die Hand und bringe ihm einen Stuhl. „Ich meinte, Ihr seid der, der davonlief, um mir Socken zu bringen. Ein wahres Unglück! Man hat mich mit Socken überschüttet. Bitte, nehmt Platz!"

Der Hotelwirt dankt, setzt sich und tut einen Zug aus seiner Pfeife:

„Also von Jehupez kommt Ihr! Ich hab' einen Bekannten in Jehupez. Das heißt, er wohnt nicht mehr in Jehupez, er ist lange schon weg von dort, ich glaube, es ist an die achtzehn Jahre und vielleicht sind's gar ganze neunzehn ... Man sagt, nach Odessa. Er hat Verwandte in Odessa, haben ein Weizengeschäft. Eigentlich zwei Geschäfte, eines in Odessa und das andere in Nikolajew. Das Odessaer Geschäft geht nicht schlecht, das Nikolajewer aber geht nicht so gut, weil Nikolajew jetzt heruntergekommen ist, man sagt durch Feodossia. Ich hab' auch in Feodossia Bekannte. Man sagt, eine feine Stadt, dies Feodossia!"

Ich merke, daß es eine Geschichte ohne Ende ist und falle ihm in die Rede:

„Was wollt' ich Euch nur fragen? Ja: Warum habt Ihr denn Euer Gasthaus ‚Hotel Türkalia' genannt?“

„Ich denke noch“, antwortet er, „wie Feodossia ein ganz kleines Städtchen war ... Ich bin, müßt Ihr wissen, selbst von der Gegend dort, ein Bessarabier bin ich, aus Bessarabien, aus einem kleinen Städtchen Dubossari, das heißt, geboren bin ich in Belz ... Wart Ihr schon einmal in Belz? Eine schöne Stadt das, Belz. Aber mit Kischinew kann man sie doch nicht vergleichen ...“

„Sprecht mit dem Herrn etwas lauter“, macht mich der Portier, der etwas abseits steht, aufmerksam. „Das Gehör ist verdorben. Er hört schlecht.“

Ich trete nun ganz nahe an den Wirt heran und schreie ihm ins Ohr:

„Ich frage, warum Euer Hotel einen so merkwürdigen Namen hat?“

„Warum schreit Ihr so?“ antwortet er. „Ich bin nicht taub! Ein merkwürdiger Name, sagt Ihr? Wieso merkwürdig? ‚Italia'! ‚Portugalia'! ‚Türkalia'! Das ist doch ganz einfach. Die anderen Namen hat man mir weggeschnappt. Na, da hab' ich's nach dem Türken genannt ... Ja, wo halte ich denn? Richtig! Kischinew! Und die Menschen? ... Bei uns in Bessarabien sind ganz andere Menschen! Bei uns in Bessarabien ist man ganz anders ... Bei uns in Bessarabien, wenn man anfängt zu essen, trägt man, müßt Ihr wissen, zu allererst die schönen Fische aus dem schönen Fluß auf. Dann kommt ‚Kade', das gute, fette Stück ‚Kade'. Dann ein großer Teller schöne, reine Mamaliga, die man mit einem langen Faden der Breite nach durchschneidet. Und endlich heiße Papuschki. Dazu trinkt man den echten, reinen bessarabischen Wein. Und als Nachspeise hat man noch den richtigen, guten Nahut, so eine Art Erbsen ..."

Während der Wirt dermaßen die bessarabische Speisekarte hersagt und ihm dabei das Wasser im Munde zusammenläuft, höre ich plötzlich singen. Die Töne kommen von verschiedenen Seiten. Auf der einen Seite läßt sich ein litauischer Chasen hören, der auf eine sonderbare Weise meckert:

> Gissmechu wemalchusscho schejmrej schabboss wekejrej ojneg ...

Und der Chor fällt ein. Und zwar eine Hälfte:

> Furarirl! Furarirl!
> Furarirl! Furarirl!

Die andere:

> Pim – Pom!
> Pim – Pom!
> Pim – Pom!

Auf der anderen Seite singen die Schauspieler:

> Füßelein!
> Und Füßelein!
> Ei, was für Füßelein!

Und der Diener, der vor meiner Tür die Schuhe putzt, spuckt immerzu auf die Bürste und singt auch sein Liedchen:

Hab' ich eine Schwiegermutter,
Hat sie einen Schwiegersohn,
Schlägt er ihre Tochter,
Zittert's ganze Haus davon!

Das ist aber noch immer nicht alles. Ich höre auch eine fluchende Frauenstimme. Die Wirtin sucht Ihren Mann in allen Zimmern. Und sonderbarerweise flucht und schimpft sie in Reinem.

„Werdet Ihr mit dem Wirt und der Wirtin zusammen Mittag essen", fragt mich Nojech, der Portier, die Tür öffnend, „oder wollt Ihr ins Restaurant?"

„Ins Restaurant!" antworte ich rasch. Ins Restaurant!" ...

Glossar

Allef-Bejss	Alphabet
Barmizwe, Barmizwa	Mit vollendetem 13. Lebensjahr wird der jüdische Knabe ‚Barmizwe', d. h. großjährig im Hinblick auf religiös-gesetzliche Pflichten und Rechte.
Behelfer	Die Gehilfen des Rabbi
Behelfer-Goless	Exil, Leidenszeit
Chasen, Chasan	Vorbeter, Kantor in der Synagoge
Chedder, Cheder	Jüdische Elementarschule
Chumesch	Pentateuch, die 5 Bücher Moses
Chossid	Anhänger der im östlichen Judentum stark verbreiteten chassidischen Richtung, die mystische Elemente aufweist.
Erez Pejssach	Tag vor dem Fest
Essrig	Paradiesapfel (wird zum Ritus des Laubhüttenfestes benötigt), gilt als prächtige Frucht.
Gemore	Talmudstudium
Golus, Galut	Exil
Gut Jontew	Feiertagsgruß
Hagode	Volkstümliche Pejssach-Erzählung, die zu Beginn der Familienfeier des 1. und 2. Pejssachabends (Seder) von Hausherrn vorgelesen wird. Im Pejssach-Zeremoniell ist es vorgeschrieben, daß das jüngste Kind am Seder-Abend 4 Fragen an den Vater richtet.
Haman	Feind der Juden in der Esther-Geschichte, Günstling des Xerxes.

Hessebet	Sitz des Hausherrn bei der Seder-Tafel an den ersten zwei Abenden des Pejssachfestes.
Jehupez	Humoristische Bezeichnung von Kiew
Schma Jisroel	Höre Israel
Jom Kippur	Versöhnungstag
Kabzen	Hungerleider
Kabzònewskes	Hungerleider-Straße
Kiddesch	Festlicher Weihespruch des Sabbats oder Festtages bei einem Becher Wein
Klaus, Klause	Kleinere Lehr- und Gebetsstätte
kromje Boga odnawo	Außer Gott allein
Kusari, Chasari	Berühmtes religions-philosophisches Werk von Jehuda Halewi
Lag-bojmer	Ein Feiertag, an dem nach altem Herkommen Schulkinder Ausflüge zu machen pflegen.
Lamden, Lamdan	Schriftgelehrter
Laubhüttenfest, Sukkot	Herbstfest, Erntefest
Lulew, Lulaw	Palmzweig, Bestandteil des Feststraußes beim Laubhüttenfest.
Mamaliga	Maisbrei
Mazza, Mazzes	Ungesäuertes Brot, für die Pejssachtage vorgeschrieben
Megille	Die Geschichte von Esther und Mordechai, die man am Purimfest vorliest.
Mejlech eljojn	Eine synagogale Melodie
Mesuse	Pergamentröllchen in einer länglichen

	Kapsel am Türpfosten, das ‚Höre, Israel' enthaltend; darf in keinem frommen Haus fehlen.
Minche	Nachmittagsgebet
Misrach	Sonnenaufgang, übertr. Ostseite, Himmelsrichtung, zu der man sich beim Gebet hinwendet. Um diese im Haus anzuzeigen, wird ein Pargament mit Psalmen oder Abbildung an die Wand gehängt.
Mogen-Dowids	Davidswappen, jüdisches Symbol
mojre	hat keine Furcht
nikawo	Wir fürchten niemand
nitschawo	Macht nichts
Pejes	Schläfenlocken
Pejssach, Pessach	Passah (Ostern), das Fest der ungesäuerten Brote
Purim	Freudenfest anläßlich der Errettung der jüdisch-persischen Diaspora vor dem Anschlag Hamans; 4 Wochen vor Pejssach.
Rambam	Maimonides, eigentl. Moses ben Maimon, der bedeutendste jüdische Philosoph und Kodifikator des Mittelalters.
Raz, dwa, tri, tschetyre	Eins, zwei, drei, vier
Rebbe, Reb, Rew	Rabbi, Rabbiner, Lehrer und Besitzer der Schule
Rebbezem	Frau des Rabbi
Reb Jid	Herr Jude (allg. Anrede wie etwa „Herr Nachbar")
Schabbes	Sabbat (7. Tag der Woche)
Schaile	Frage; „eine Schaile fragen": die

	Entscheidung des Rabbiners in rituellen Dingen anrufen, hauptsächlich in bezug auf die Speisegesetze.
Schalom	Friede
Schejgez	Gassenjunge
Scheminessre	Nachmittagsgebet
Ss'chuss Owess	Das fromme Verdienst der Ahnen, das den Nachkommen zugute kommt.
Ssejder, Seder	1. und 2. Pejssachabend
Straimel	Pelzmütze
Talles-koten	Kleinerer Gebetsmantel, an dessen vier Ecken Zizzes (Schaufäden) herabhängen.
Targum	Aramäische Übersetzung der Bibel
Tefillin	Gebetsriemen, Gebetsmantel
Tischebow	Der 9. Tag des Monats Aw, größter Trauertag des jüdischen Jahres, der an die Zerstörung Jerusalems und des heiligen Tempels erinnert.
tojre	Thora
trejf	Ungenießbar
Umaner Rebbe	Chassidischer Rabbi, sog. Wunderrabbi
Unssane tojkef	Anfangsworte eines Gebetes am Versöhnungstag
Unterschammes	Synagogendiener
wajissu merfidim	Bibelstelle: „und sie zogen aus Refidim“.
Wischnik	Wein aus Weichselkirschen
wehajeled enenu	Bibelstelle aus der Schrift von Josef und seinen Brüdern: „und das Rind ist nicht da“.